staub

はじめての
ストウブ無水調理

大橋由香

はじめに

10数年前、初めてストウブを使った時の感動は、今でも忘れられません。

「無水でこんなにおいしくなるんだ！」「無水調理って、ストウブってすごい！」
と感動し、サイズ違いのストウブをいくつも購入して、
ストウブ鍋を使った料理教室をスタート。
2014年には、ストウブ料理を専門としたカフェをオープンしました。

料理教室に初めて来たお客様に、実際に手順を見ていただき、
「こんなに簡単で、調味料も最小限で、ここまでおいしくなるんですね！」
と言っていただくと、私も本当にうれしくなります。

ストウブの鍋は「重くて、高い」という印象があるため、
使ったことのない人が世の中にはまだまだ多いと思いますが、
初めての一台を買って使った方は、
「もっと早く出会っていれば！」と、皆さん口をそろえて言います。
そう、高い鍋だからこそ早く手に入れて、どんどん使うのがおすすめなのです。

ストウブ鍋は、コトコト煮込むのが得意なのはもちろん、
中華鍋のように使う炒めものや、温度が下がらずカラッと揚げられる揚げもの、
ふたがピッタリと閉まる特性を生かしたスモーク調理など、
実にさまざまな使い方ができるのも魅力です。

今回は初めて使う方に向けて、毎日使ってもらえるおかずのほか、
時間がある時やイベントの日にぴったりのごちそう料理も考えました。
ぜひ、ストウブで作るシンプルでいてしみじみおいしい料理を
たくさんの人に実感していただけたらうれしいです。

ストウブというひとつの鍋が、手間を省き、料理を作る時間を豊かにしてくれます。
料理は道具に頼り、何度もくり返し作ることで、上手になっていきます。
「ストウブ無水調理」で料理を作る喜びを感じ、たくさんの笑顔が増えますように。

大橋由香

Contents

Part 1 staub《ストウブ》で 無水煮込み

Part 2 staub《ストウブ》で 無水蒸し煮

Part 3 staub《ストウブ》で 無水スープ

【この本での約束ごと】

- 1カップは200mℓ、1合は180mℓ、大さじ1は15mℓ、小さじ1は5mℓです。
- 塩は精製されていないもの（フランスの「ベロ 海の塩（細粒）」）、黒こしょうは粗びき黒こしょう、オリーブ油はエキストラ・バージン・オリーブオイルを使っています。

Part 4 staub《ストウブ》で 1分炒めとさっと焼き

Part 5 staub《ストウブ》で 無水カレーとパスタ

Part 6 staub《ストウブ》で ごちそう

Column

Basic
基本の無水調理をしてみましょう

水を入れずに、食材が持つ水分だけで調理ができるストウブ。
まずは、無水で肉じゃがを作ってみましょう。水分が出やすい順番に
材料を重ねて入れたら、ふたをして火にかけるだけ。蒸気が出てきたら
ごく弱火でわずか10分。これで、ほっくりおいしい煮ものが完成します。

重ねるだけ鶏肉じゃが

牛薄切り肉や豚こま肉、豚バラ肉でも作れますが、切らずに使えて火通りが早く、短時間でうまみが出やすい、鶏ひき肉で作る肉じゃがです。
じゃがいもは小さめに切ると、火が入りやすく。玉ねぎは繊維を断つように切り、水分がよく出るようにします。蓄熱性の高いストウブでじっくり加熱するので、短時間でも味がしみて、じゃがいもはほくほくの仕上がりです。

Basic

重ねるだけ鶏肉じゃが

煮込み10分

材料 2～3人分

鶏ひき肉（もも）… 200g
じゃがいも（3cm角に切り、さっと洗う）… 2個（300g）
玉ねぎ（縦半分に切り、横1cm幅に切る）… 1個
しらたき（食べやすく切り、水けをしっかりきる）
　… 小1袋（100g）*
いんげん（長さを半分に切る）… 4本
塩 … 小さじ$\frac{1}{2}$
Ⓐ─しょうゆ、みりん … 各大さじ2
オリーブ油 … 小さじ1
*アク抜き済みのもの

作り方

1.

2.

鍋に重ねる

→ → →

鍋にオリーブ油、玉ねぎ、ひき肉（広げて）、塩の順に入れ、じゃがいも、しらたき、Ⓐを順に重ねて入れる。

*玉ねぎは、繊維を断つように切って火通りをよく
*肉には塩をふり、味がぼやけないように

Point 1

蒸気が出たらごく弱火に！

ふたのすきまから蒸気がうっすら出てきたら、ごく弱火にして蒸気が出なくなるようにする。まだ蒸気が出る場合は、3口コンロなら奥の小さい口にのせて。

Point 2

ふたの水滴は必ず鍋の中へ！

ふたの内側についた水滴は、素材のうまみが詰まった水分。必ず鍋の中に戻して。

3.

中火にかける

ふたをし、中火にかける（蒸気が出るまで）。中火は、鍋底から火がはみ出ないくらい。

＊IHなら10段階調節で4〜5

＊5〜10分たっても蒸気が出ない時は、ふたのつまみをさわって熱くなってきているか確認を（やけどに注意）。熱くならなければ、火を少し強めて

4.

ごく弱火で10分煮る

ふたのすきまから蒸気が出たら、ごく弱火にして10分加熱する。火を止め、いんげんを加えてひと混ぜし、ふたをして5分おく。

＊ごく弱火は、火が消える寸前くらいのとろ火。IHなら10段階調節で1〜2

＊余熱でいんげんをやわらかくしつつ、じゃがいもに味をしみ込ませるのがコツ

ストウブ無水調理の
4大特徴

基本的に調理はすべて、鍋に材料を重ねて入れて中火にかけ、ふたのすきまから蒸気が出たら、ごく弱火にして加熱するだけ。あとはストウブにまかせておけば、ほったらかしでもおいしい料理が次々でき上がります。

水を加えずに調理するので、使う調味料は最小限でOK。食材の味が凝縮され、野菜の甘み、肉や魚のうまみが最高の調味料がわりに。たとえば塩のみで味つけするだけでも、しみじみおいしい料理が誕生します。

野菜が抜群においしくなる
3

ストウブで無水で調理すると、野菜にはじんわり火が入り、甘みやうまみが引き出され、びっくりするほどおいしくなります。玉ねぎ、にんじん、じゃがいもはぐっと甘く、キャベツはくたっとして、どっさり食べられます。

油少なめでヘルシー
4

使う油は最小限でも、十分おいしくなるのがストウブの特徴。鍋の内側には黒マット・エマイユ（ホーロー）加工がほどこされているので、こげつきにくいのも利点。上手にカロリーダウンしつつ、体も心も大満足できます。

[ストウブってどんな鍋？]

どっしりしたフォルムのストウブの鍋が、この上なくおいしい料理を
生み出すのは、特別な技法を使って作られているから。
歴史に裏打ちされた、ストウブならではの特徴をご紹介します。

Picot Cocotte Round

この本ではすべて直径20㎝を使っています

ピコ・ココット ラウンド

1974年にフランス・アルザス地方で生まれた、鋳物ホーロー鍋のストウブ。当初はプロ向けに開発されましたが、今では一流シェフはもちろん、一般の家庭でも広く愛用されています。熱伝導率が高く、蓄熱性にすぐれ、ずっしりと重たいことが特徴で、野菜や肉、魚の水分を蒸気に変え、鍋の中で対流させることで無水で調理ができ、食材そのもののうまみをじっくり味わえます。オーブンやIH（100V、200V）にも対応。ピコ・ココット ラウンドの直径20㎝は、2～4人家族のおかず作りにちょうどいいサイズです。

重たいふたで鍋の中が密閉状態に

気密性の高い重たいふたをして加熱することで、鍋の中では熱が全方向から伝わり、小さなオーブンのように。蓄熱性も高いので、余熱で火を通して食材をやわらかく仕上げるのも得意です。

黒マット・エマイユ（ホーロー）加工でこげつきにくい

鍋の内側は、エナメル質ホーロー加工を2層ほどこした、黒マット・エマイユ（ホーロー）加工。ザラザラした細かい凹凸があり、油がなじみやすく、食材がこげつきにくいのが特徴。耐久性のほか、蓄熱性も抜群で、熱を逃さずに調理することができます。

ピコがおいしさの決めて！

ふたの裏側にずらりと並ぶのが、ストウブ独自の「ピコ」と呼ばれる突起。加熱した食材の水分は、蒸気となって鍋の中を対流。このピコを伝わっておいしい雨のようにふりそそぐ（アロマ・レイン）、食材にしみ込みます。

[無水調理のしくみ]

水を入れないことで、素材のうまみがぐっと引き出される無水調理。
なぜ、水なしでもこげないの？　どうして、水なしだとおいしくなるの？
無水調理が初めてという方に、わかりやすくご説明します。

塩をふった材料から水分が出る

肉や魚、野菜に塩をふって加熱することで、浸透圧で食材から水分が出てくる。

水分が蒸気になってふたにつき、食材にふりそそぐ

食材から出た水分は、蒸気となって鍋の中にたまり、ふたの内側の突起（ピコ）を伝って、うまみの雨のように食材にふりそそぐ。

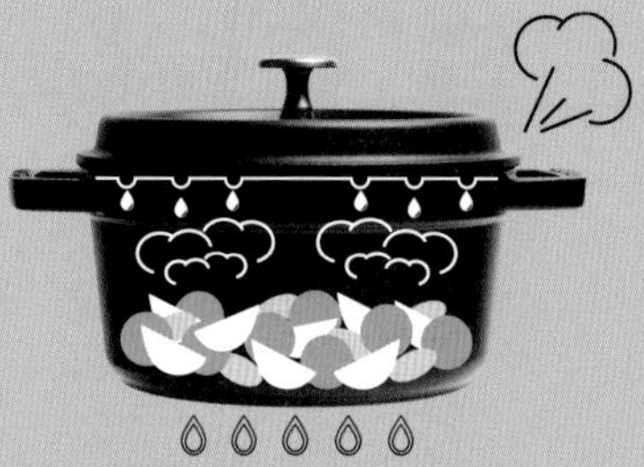

蒸気が充満し、ふたのすきまからもれはじめる

鍋が熱くなると、蒸気が鍋の空間に充満して、ふたのすきまからもれはじめる。蒸気が出たら、鍋が頂点まで温まったサイン。

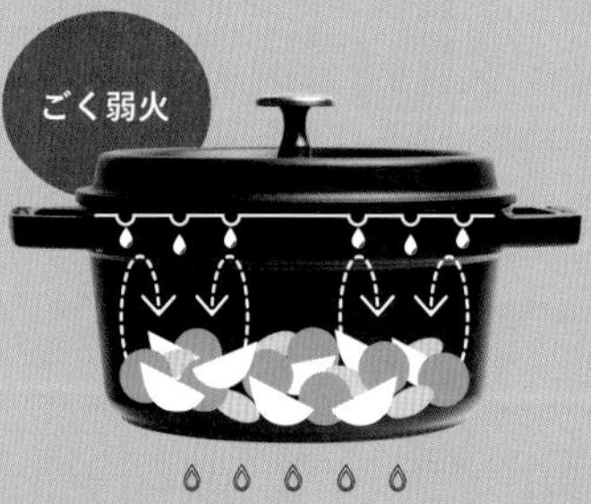

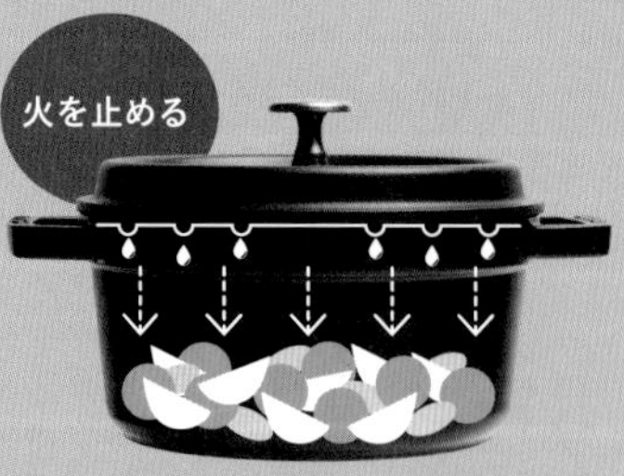

蒸気が鍋の中で対流する

ごく弱火にして加熱を続けることで、蒸気の動きを弱めて鍋の中で対流させる。これで、食材のうまみがじっくりと浸透する。

余熱でさらに調理がすすみ、冷める間に味がしみ込む

火を止めたあとも余熱で調理がすすみ、ピコからはうまみの雨がふりそそぐ。鍋がゆっくりと冷める間に、味がしみ込んでいく。

[火加減について]

ストウブでの調理で、大切なのが火加減。強火はホーロー加工がいたむのでNG。
まずは中火で加熱⇒鍋が温まったらごく弱火にするのが、基本の使い方です。
弱火は、食材がこげやすい場合などに使用してください。

中火

鍋底から火がはみ出さず、底に火の先端が触れるくらいの火加減。IHコンロの場合は、10段階調節で4～5くらい。

ごく弱火

弱火よりさらに弱めの、火が消える寸前くらいのとろ火。IHコンロの場合は、10段階調節で1～2くらい。

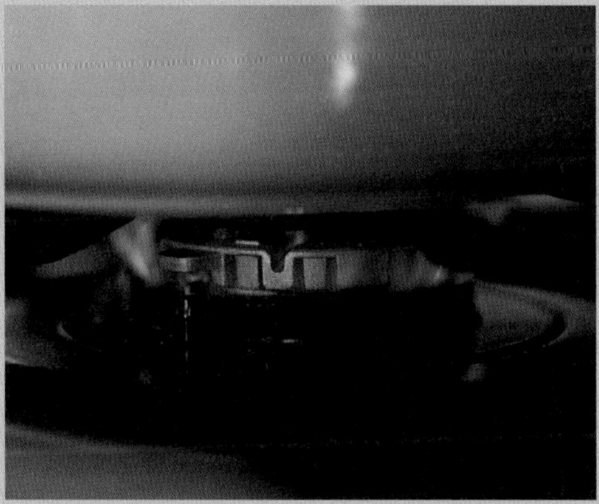

弱火

鍋底に火が直接あたらないくらいの火加減。IHコンロの場合は、10段階調節で2～3くらい。

余熱も利用して省エネクッキングを！

蓄熱性にすぐれたストウブは、火を消してふたをしたままおけば余熱でも調理がすすみ、省エネに。余熱でじんわり火を通すことで、肉や魚はかたくならず、しっとりやわらかく仕上がります。

ストウブについてのQ&A

初めて手にするストウブは、わからないこともいろいろ。サイズ選びや使う時の注意点、日頃のお手入れ法など、知りたい疑問にお答えします。長く、大切に使うためにも、ぜひ参考にしてみてください。

Q おすすめのサイズは？

初めて購入するなら、「ピコ・ココット ラウンド」の直径20cmがおすすめ。2～4人家族のメインのおかず作りにぴったりなサイズです。副菜やお弁当など少量のおかずを作るなら、直径14cmか16cm。小さいサイズは火の回りが早く、調理時間も短くてすみます。カレーや豚汁などを大量に作りたいなら、直径24cmを。ストウブで無水調理をする場合、鍋の大きさによって具材の適量が違ってくる（鍋の半分以上まで入れる）ので、大は小を兼ねません。作る料理に合わせて選んでみてください。

Q 使う時の注意点は？

火加減は必ず中火（～ごく弱火）で。強火は内側の黒マット・エマイユ（ホーロー）加工がいたむのでNGです。またホーロー加工が傷つかないように、木ベラやシリコン製のヘラを使い、金属製のものは避けて。加熱すると鍋の持ち手やふたのつまみが熱くなるので、持つ時は必ずミトンや厚手のふきんを使ってください。

Q 洗い方、お手入れのしかたは？

使ったあとはスポンジと中性洗剤で洗い、乾いたふきんでよくふきます。特に、鍋のふちとふたの裏側のふちは水けがついているとさびやすいので、よく乾かしてからしまって。また、たまに炒めものや揚げものをしたり、油小さじ1を入れて中火で薄く煙が出るまで温めて油をなじませると、鍋のもちがよくなります。

Q サイズが違う鍋でも作れる？

この本ではすべて直径20㎝の「ピコ・ココットラウンド」を使っていますが、直径18㎝、22㎝の鍋でも、レシピの分量と時間で作ることができます。直径24㎝以上の鍋だと、材料を増やしても加熱時間が違ってきてしまうためNGです。

Q 熱源は？

ガスコンロ、IHコンロ（100V、200V）のほか、オーブンにもふたごと入れられるなど、ストウブの鍋はさまざまな熱源に対応しています（電子レンジはNG）。スモーク調理をする時は、鍋が高温になるので、家庭のガスコンロやIHだと安全装置が作動して、加熱が止まってしまうことも。できればカセットコンロを使うのがおすすめ。

Q 鍋をこがしてしまったら？

うっかり鍋をこがしてしまったら、鍋に水を2㎝くらい入れて重曹小さじ2～大さじ1を加え、中火で沸騰させます。こうすると、こげた部分がやわらかく浮いてきてはがれやすく。鍋が冷めたら、木ベラでこそいではがします。こそげても落ちなければ、そのままひと晩おけばラクにはがせます。

Q 無水調理に向く野菜は？

玉ねぎ、トマト、きのこ類など、水分の多いものがおすすめ。玉ねぎは繊維を断つように横に切ると、水がより出やすくなります。鍋に野菜を入れたら、塩をふって水分が出やすくするのもポイント。水分が出にくい根菜類やセロリなどは、小さく切って火通りをよくしたり、弱火スタートにすることで、じわじわと水分を出すのがコツです。

ストウブについてのQ&A

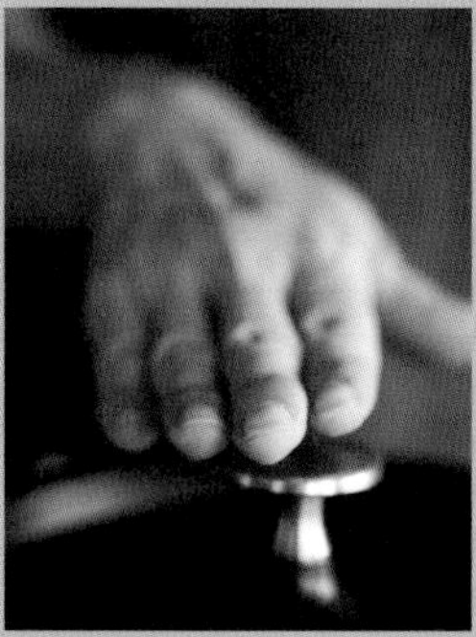

Q 蒸気が出ない…

火にかけて5～10分たっても蒸気が出ない場合は、ふたのつまみをさわって（やけどに注意）熱くなっていなければ、火を少し強めて様子を見て。ふたがぴったりはまって蒸気が出にくいこともあるので、その時はつまみを持ってふたを前後に動かし、空気が通れるすきまを作って。ふたを開けると、蒸気が逃げて鍋の中の温度が一気に下がるので、途中で開け閉めはしないでください。

＊どうしても心配で開けてしまったら、また中火にかけて、蒸気が出るまで待って

Q 水が出てこない…

鍋に入れる具材の量が少ないか（鍋の半分から7～8分目まで入れるのが目安）、調味料を入れ忘れていないか確認を。具材が少ないと、蒸気がたまるまでに時間がかかって、こげる原因にも。塩などの調味料も、食材の水分を出しやすくするので、必ずレシピの分量通りに入れてください。

調味料について

塩、こしょう

食材の味を生かすため、塩けが強すぎない海塩を使用。フランスの「ベロ 海の塩（細粒）」（「KALDI（カルディ）コーヒーファーム」などで入手可）を愛用。こしょうは、黒粒こしょうをそのつど挽いて。塩は、海水塩100％の「沖縄浜比嘉島のはるひソルト」（はるひごはんオンラインショップで購入可）も使用。

油

中華風のレシピにはごま油、それ以外にはすべてオリーブ油を使用。オリーブ油はエキストラ・バージン・オリーブオイルを使っていますが、かわりに米油でもOKです。

staub《ストウブ》で無水煮込み

ストウブの代名詞、煮込み料理をまずはご紹介します。
鍋に材料を重ねて入れ、それから火をつければいいから、
料理に慣れていない方でも安心。あとは火にかけてほうっておくだけで、
手間をかけなくてもおいしい料理が次々生まれます。水を加えないので、
調味料は最小限でOK。素材のうまみが凝縮して、最高の味わいが楽しめます。

Part 1

鶏もも肉とキャベツの ガーリックしょうゆバター

煮込み10分

材料 2～3人分

- 鶏もも肉（皮を除いて縦横半分に切り、両面に塩をふる）… 1枚（300g）
- 塩 … 小さじ½

キャベツ（横1cm幅に切る）… ½個（500g）
にんにく（薄切り）… 1かけ
しょうゆ … 大さじ1
オリーブ油 … 小さじ1
バター … 10g

作り方

1.

2.

鍋に重ねる

➡ ➡ ➡

鍋にオリーブ油、バター、キャベツの半量、鶏肉の順に入れ、

残りのキャベツ、にんにく、しょうゆを順に重ねて入れる。

＊キャベツは半量を鍋底に敷くことで、香ばしく焼きつけ、残りは上にのせて水分をたっぷり出す

もりもりのキャベツが食べられるひと皿。鶏肉はキャベツではさむことで、火通りよく、ふっくらジューシーに。下に敷いたキャベツが香ばしく焼きついて、しょうゆバターと相性抜群です。にんにくの風味も食欲をそそります。

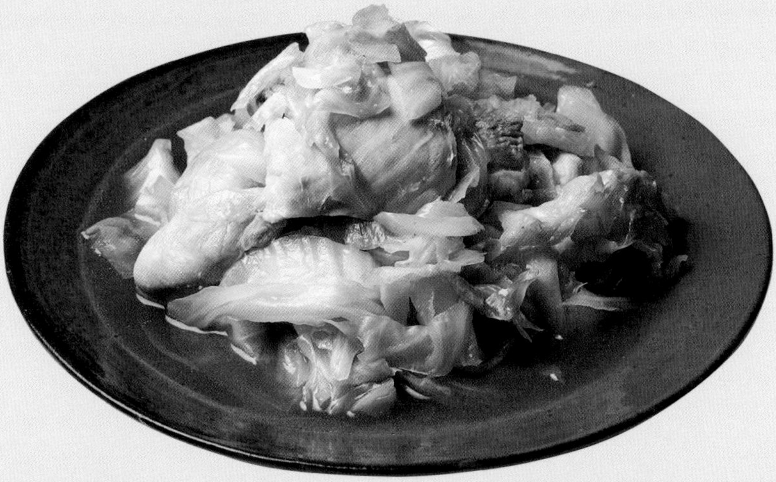

3.

中火にかける

ふたをし、中火にかける（蒸気が出るまで）。

＊中火は、鍋底から火がはみ出ないくらい。IHなら10段階調節で4〜5

＊5〜10分たっても蒸気が出ない時は、ふたのつまみをさわって熱くなってきているか確認を（やけどに注意）。熱くならなければ、火を少し強めて

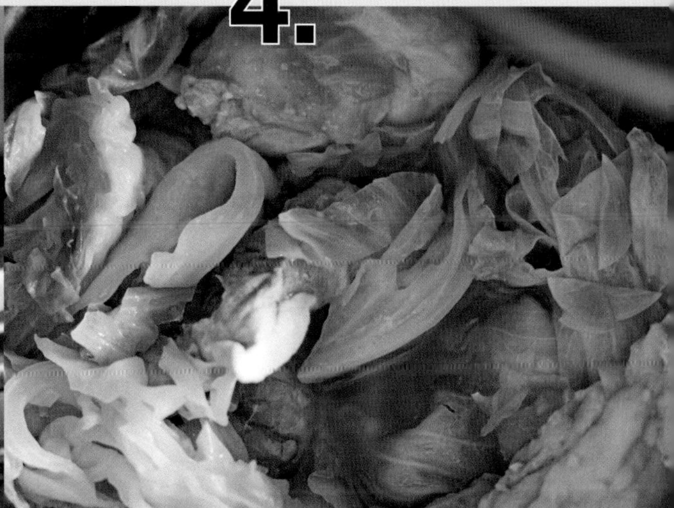

4.

ごく弱火で10分煮る

ふたのすきまから蒸気が出たら、ごく弱火にして10分加熱する。火を止めてひと混ぜし、ふたをして5分おく。

＊ごく弱火は、火が消える寸前くらいのとろ火。IHなら10段階調節で1〜2

＊余熱でさらに味をしみ込ませるのがコツ

STAUB

煮込み**5**分

鶏むね肉となすの南蛮煮込み

あっさり鶏むね肉を南蛮酢で煮た一品です。鶏むね肉は粉をまぶすことでやわらかく仕上げ、たれもからみやすく。広げてのせると、短時間で火が通ります。鍋底に入れたなすが焼きついて、とろっと煮えて美味。玉ねぎは余熱で火を通し、歯ごたえを残します。ピーマンやきのこで作っても。

材料 2人分

鶏むね肉（皮を除いて5mm幅のそぎ切りにし、Ⓐを両面に順にまぶす）…1枚（300g）
Ⓐ 塩…小さじ½
　片栗粉（または米粉）…大さじ1
なす（3cm大の乱切り）…1本（100g）
玉ねぎ（横にごく薄切り）…½個
ししとう（ヘタを除く）…8本
Ⓑ 酢…大さじ2
　しょうゆ…大さじ1
　砂糖…小さじ2
　赤唐辛子（種を除き、小口切り）…1本
オリーブ油…小さじ1

作り方

1. 鍋にオリーブ油、なす（a）、鶏肉（広げて）、Ⓑの順に入れ（b）、ふたをして中火にかける。
2. ふたのすきまから蒸気が出たら、ごく弱火で5分加熱し、火を止めて玉ねぎ、ししとうを加えてひと混ぜし、ふたをして5分おく。

a.

b.

鶏むね肉とえのき、半熟ゆで卵のうま辛煮込み

コチュジャン＋みそ＋みりんのピリッと辛い韓国風のたれで、ごはんがすすむしっかり味です。玉ねぎとえのきを重ねたら塩をふり、水分をしっかり出すのがポイント。えのきがとろみのあるソースになります。とろとろの半熟ゆで卵が、また格別によく合います。

材料　2人分

鶏むね肉（皮を除いて1cm角の棒状に切り、Ⓐを順にまぶす）…1枚（300g）
Ⓐ
- 塩…小さじ½
- 片栗粉（または米粉）…大さじ1

玉ねぎ（縦半分に切り、横に薄切り）…1個
えのきたけ（長さを半分に切り、ほぐす）…1袋（100g）
半熟ゆで卵…2個＊
塩…小さじ½
Ⓑ
- みりん…大さじ2
- コチュジャン、みそ、白すりごま…各大さじ1

オリーブ油…小さじ1
＊冷蔵室から出してすぐの卵を熱湯に入れ、弱火で7分ゆでる

作り方

1. 鍋にオリーブ油、玉ねぎ、えのき、塩、鶏肉（広げて）の順に入れ（a）、ふたをして中火にかける。
2. ふたのすきまから蒸気が出たら、混ぜたⒷを加えてひと混ぜし（b）、ふたをしてごく弱火で5分加熱する。火を止め、卵を加えてひと混ぜする。

a.

b.

煮込み **15** 分

鶏もも肉と根菜の
バルサミコ煮込み

バルサミコ酢をベースにした煮汁は、最後に煮詰めることで酸味がとび、コクのあるソースに変身。ごぼうの食感、にんじんの甘みも生きています。鶏肉にまぶした粉のおかげで、肉はやわらかく、煮汁のからみもよく。れんこんやさつまいもで作っても美味です。

材料　2人分

鶏もも肉（皮を除いて縦横半分に切り、Ⓐを両面に順にまぶす）… 1枚（300g）

Ⓐ
- 塩 … 小さじ½
- 片栗粉（または米粉）… 大さじ1

ごぼう（よく洗い、皮ごと1cm幅の輪切り）… ½本（100g）

にんじん（1.5cm角に切る）… 1本（150g）

Ⓑ
- バルサミコ酢 … 大さじ3
- しょうゆ … 大さじ1

オリーブ油 … 小さじ1

バルサミコ酢

ぶどうを長期熟成させて作るイタリアの酢で、芳醇な香りとまろやかな酸味が特徴。加熱すると甘みとコクが出るので、煮詰めて焼いた肉や魚にかけたり、そのままサラダのドレッシングにしても。

作り方

1. 鍋にオリーブ油、ごぼうとにんじん（a）、鶏肉、Ⓑの順に入れ（b）、ふたをして中火にかける。

2. ふたのすきまから蒸気が出たら、ごく弱火で15分加熱し、ふたをとってひと混ぜし、中火でとろみがつくまで煮詰める。

a.

b.

鶏もも肉とじゃがいもの白ワイン煮込み

煮込み 15分

鶏肉は皮目を下にすると、こんがり焼き目がついて香ばしく。
ローズマリーやタイム、きのこやアスパラを入れても合います。

材料　2人分

鶏もも肉（皮つきのまま縦半分に切り、両面に塩をふる）… 1枚（300g）
塩 … 小さじ$\frac{1}{2}$
Ⓐ
- 玉ねぎ（縦半分に切り、横1cm幅に切る）… 1個
- じゃがいも（3cm角に切る）… 1個（150g）
- プチトマト（縦半分に切る）… 8個
- 白ワイン … $\frac{1}{4}$カップ
- 塩 … 小さじ$\frac{1}{2}$

バター … 10g

作り方

1. 鍋にバターを中火で溶かし、鶏肉（皮目を下にして）、Ⓐを順に入れ、煮立ったら1分加熱してふたをする。
2. ふたのすきまから蒸気が出たら、ごく弱火で15分加熱する。

豚ロース肉の りんごソース煮込み

煮込み**5**分

豚肉にりんごを組み合わせたフレンチ風。りんごは小さく切ることで、甘酸っぱいソースに変身。豚肉は、粉をまぶして香ばしさを出します。

材料 2人分

豚ロース肉（とんかつ用・Ⓐを両面に順にまぶす）…２枚（300g）
Ⓐ 塩…小さじ1/2
　片栗粉（または米粉）…小さじ２
りんご（皮つきのまま1cm角に切る）…1/2個
玉ねぎ（粗みじん切り）…1/2個
Ⓑ 塩…小さじ1/2
　ローズマリー（生）…２枚
オリーブ油…小さじ１
黒こしょう…少々

作り方

1. 鍋にオリーブ油、豚肉、りんご、玉ねぎ、Ⓑの順に入れ、ふたをして中火にかける。
2. ふたのすきまから蒸気が出たら豚肉を裏返し、ふたをしてごく弱火で５分加熱する。食べやすく切って器に盛り、黒こしょうをふる。

豚こま肉の バーベキュー煮込み

煮込み 10分

BBQソースは、はちみつ入りで少し甘め。野菜と肉を先に加熱し、こんがりと焼き色をつけるのがコツです。牛こま肉で作ってもおいしい。

材料 2人分

豚こま切れ肉（Ⓐを順にまぶす）… 200g
Ⓐ 塩 … 小さじ1/2
　片栗粉（または米粉）… 大さじ1
玉ねぎ（4等分のくし形切り）… 1/2個
ピーマン（縦4等分に切る）… 2個
にんにく、しょうが（ともにみじん切り）… 各1かけ
Ⓑ ケチャップ、中濃ソース … 各大さじ1
　はちみつ … 小さじ1
オリーブ油 … 小さじ1

作り方

1. 鍋にオリーブ油、玉ねぎ、ピーマン、豚肉の順に入れ、ふたをして中火で5分加熱する。
2. にんにく、しょうが、混ぜたⒷを加えてひと混ぜし、ふたをしてごく弱火で5分加熱する。火を止めてひと混ぜし、ふたをして5分おく。

スタミナ牛煮込み

オイスターソースのうまみ＆ピリッと一味でパンチのある味です。
ごはんにのせて牛丼風にしても。ピーマン、きのこで作っても◎。

材料　2人分

牛こま切れ肉 … 200g
玉ねぎ（縦半分に切り、横1cm幅に切る）… 1個
パプリカ（赤・縦1cm幅に切る）… 1個
にんにく（薄切り）… 1かけ
Ⓐ ┬ オイスターソース … 大さじ2
　└ 一味唐辛子 … 小さじ$\frac{1}{2}$
ごま油 … 小さじ1

作り方

1. 鍋にごま油、玉ねぎ、パプリカ、牛肉、にんにく、Ⓐの順に入れ、ふたをして中火にかける。
2. ふたのすきまから蒸気が出たら、ごく弱火で5分加熱する。

牛肉の五目煮込み

煮込み5分

オイスターソースで仕上げる、中華の炒めもの風のひと皿。
肉を豚こま肉にしたり、えび、ほたてで作るのもおすすめ。

材料 2～3人分

牛こま切れ肉（5㎝幅に切り、Ⓐを順にまぶす）…200g
Ⓐ 塩…小さじ1/2
　片栗粉（または米粉）…大さじ1
ブロッコリー（小房に分け、さっと洗う）…1/2株（125g）
にんじん（短冊切り）…1/2本（75g）
エリンギ（縦横半分に切る）…1パック（100g）
うずらの卵（水煮）…8個
オイスターソース…大さじ2
オリーブ油…小さじ1

作り方

1. 鍋にオリーブ油、ブロッコリー、にんじん、エリンギ、牛肉、うずらの卵の順に入れ、ふたをして中火にかける。
2. ふたのすきまから蒸気が出たら、オイスターソースを加えてひと混ぜし、ふたをしてごく弱火で5分加熱する。

塩さばとトマトのカレー煮込み

和食の印象が強い塩さばですが、カレー味との相性は抜群。
玉ねぎのほかにトマト、きのこを加え、ふっくらジューシーに煮上げます。

材料 2～3人分

塩さば（三枚おろし・長さを4等分に切り、片栗粉をまぶす）… 2枚（200g）
片栗粉（または米粉）… 大さじ1
玉ねぎ（縦半分に切り、横1cm幅に切る）… 1個
エリンギ（長さを半分に切り、縦5mm幅に切る）… 1パック（100g）
トマト（1cm角に切る）… 1個（200g）
Ⓐ カレー粉 … 大さじ1
　塩 … 小さじ$\frac{1}{4}$
オリーブ油 … 小さじ1

作り方

1. 鍋にオリーブ油、玉ねぎ、エリンギ、さば、トマト、Ⓐの順に入れ、ふたをして中火にかける。
2. ふたのすきまから蒸気が出たらひと混ぜし、ふたをしてごく弱火で5分加熱する。

いかとオリーブのトマト煮込み

いかの極上のだしに、トマトピューレを合わせた濃厚な味わい。白身魚やえびで作ったり、パスタやごはんを加えても合います。

材料　2人分

いか（するめいかなど・足を引き抜いてワタ、軟骨を除き、胴は1cm幅の輪切り、足は食べやすく切る）… 小2はい（200g）
にんにく（みじん切り）… 1かけ
セロリ（茎は3cm幅に切り、葉はざく切り）… 1本
A トマトピューレ … 150g
　黒オリーブ（種なし）… 8個
　塩 … 小さじ1/2
オリーブ油 … 小さじ1

作り方

1. 鍋にオリーブ油、にんにく、セロリ、いか、Aを順に入れ、ふたをして中火にかける。
2. ふたのすきまから蒸気が出たら、ごく弱火で5分加熱する。

トマトピューレ

完熟トマトを裏ごしし、約3倍に濃縮したもの。保水効果が高いストウブ鍋には、トマト水煮缶よりもこちらを使って。

Part 2

staub《ストウブ》で
無水蒸し煮

ノンオイルで調理できて、野菜がたっぷり食べられるといえば蒸し煮。
肉や魚と野菜を重ねてシンプルに蒸したら、たれやソースをかけていただきます。
鍋に入れる順番を工夫すれば、野菜はぐっと甘く、肉や魚はしっとりやわらかく。
これひと鍋で、ヘルシーでいて満足感のあるおかずになるのがうれしい。
冷蔵庫にあるいつもの食材で、手軽に作れるレシピを集めました。

鶏もも肉と大根の和風蒸し

蒸し煮10分

材料 2人分

- 鶏もも肉（皮つきのまま8等分に切り、両面に塩をふる）… 1枚（300g）
- 塩 … 小さじ1/2
- 大根（薄い半月切り）… 1/4本（300g）
- 長ねぎ（斜め薄切り）… 1本
- 塩 … 小さじ1/4
- Ⓐ しょうゆ、酢、酒、白いりごま … 各大さじ1

作り方

1.

2.

鍋に重ねる

鍋に大根、鶏肉の順に入れ、

➡➡➡

長ねぎ、塩、Ⓐを順に重ねて入れる。

＊長ねぎの上に塩をふることで、水分が出やすくなる

ノンオイルで調理するので、鶏もも肉は皮つきのまま使ってコクを出します。
大根は薄く切って火通りをよくし、鶏肉のうまみをしっかり吸わせて。
調味料には、酢を加えてさっぱりと。白ごまの香りがアクセントです。

3. 中火にかける

ふたをしないで中火にかけ、調味料がふつふつと煮立ったら、ふたをする（蒸気が出るまで）。

＊中火は、鍋底から火がはみ出ないくらい。IHなら10段階調節で4〜5
＊5〜10分たっても蒸気が出ない時は、ふたのつまみをさわって熱くなってきているか確認を（やけどに注意）。熱くならなければ、火を少し強めて

4. ごく弱火で10分蒸し煮にする

ふたのすきまから蒸気が出たら、ごく弱火にして10分加熱する。

＊ごく弱火は、火が消える寸前くらいのとろ火。IHなら10段階調節で1〜2

STAUB

蒸し煮5分

鶏もも肉とキャベツ、ごぼうのゆずこしょう蒸し

キャベツは下に敷くことでしっかり蒸され、甘みが増し、
鶏肉のうまみを吸って、ぐっとジューシーになります。
ごぼうのかわりに、にんじんや薄切りのれんこんで作っても。
たれにはゆずこしょうをきかせ、味にピリッとパンチをつけます。

材料 2人分

鶏もも肉（皮つきのまま縦横半分に切り、両面に塩をふる）… 1枚（300g）
塩 … 小さじ1/2
キャベツ（5cm角に切る）… 1/4個（250g）
ごぼう（よく洗い、皮ごとささがき）… 1/2本（100g）
塩 … 小さじ1/2
酒 … 大さじ2
Ⓐ オリーブ油 … 大さじ1
　 ゆずこしょう … 小さじ1

作り方

1. 鍋にキャベツ、ごぼう、塩（a）、鶏肉（皮目を上にして）、酒の順に入れ（b）、ふたなしで中火にかけ、煮立ったらふたをする。
2. ふたのすきまから蒸気が出たら、ごく弱火で5分加熱し、火を止めてひと混ぜし、混ぜたⒶをかける。

a.

b.

蒸し煮3分

鶏むね肉とセロリのナンプラーレモン蒸し

ナンプラーのうまみにレモンの酸味を合わせた、さわやかな蒸し煮。
鶏むね肉とセロリ、プチトマトで、あっさりと軽めに仕上げます。
セロリは薄切りにしてやわらかく、弱火スタートで水分を出しやすくして。
厚揚げを加えることで、コクとボリュームをアップさせました。

材料 2人分

鶏むね肉（皮を除いて5㎜幅のそぎ切りにし、
　Ⓐを両面に順にまぶす）… 1枚（300g）
Ⓐ ┬ 塩 … 小さじ½
　 └ 片栗粉（または米粉）… 大さじ1
セロリ（茎は斜め薄切りにし、葉はざく切り）… 1本
プチトマト（縦半分に切る）… 8個
厚揚げ（縦半分に切り、1㎝幅に切る）
　… 1枚（150g）
Ⓑ ─ ナンプラー、レモン … 各大さじ1

作り方

1. 鍋にセロリ、鶏肉（広げて・**a**）、厚揚げ、プチトマト、Ⓑの順に入れ（**b**）、ふたをして弱火にかける。
＊弱火は、鍋底に火があたらないくらい
2. ふたのすきまから蒸気が出たら、ごく弱火で3分加熱する。

a.

b.

豚バラ肉とピーマンの甘みそ蒸し

豚バラのコク＋甘みそで、最強のごはんの友。お弁当に入れたり、ごはんにのせても合います。豚こまや豚ひき、なすで作っても美味です。

材料　2人分

豚バラ薄切り肉（5cm幅に切る）… 10枚（200g）
玉ねぎ（1cm角に切る）… 1個
ピーマン（1cm角に切る）… 3個
Ⓐ ┬ みそ、みりん … 各大さじ2
　 └ 砂糖 … 小さじ2

作り方

1. 鍋に玉ねぎ、豚肉（広げて）、ピーマン、混ぜたⒶの順に入れ、ふたをして中火にかける。
2. ふたのすきまから蒸気が出たら、ごく弱火で5分加熱し、よく混ぜて火を止める。

post card

おそれいりますが
切手を
お貼りください

104-8357
東京都中央区京橋3-5-7
(株)主婦と生活社　料理編集
「はじめての
ストウブ無水調理」係行

ご住所
〒　　　-
(　　　　)
お電話　(　　　　)
男・女　年齢　　歳
お名前(フリガナ)
ご職業　1.主婦　2.会社員　3.自営業　4.学生　5.その他(　　　)
家族構成(年齢)
未婚・既婚(　　)年

肉とかぼちゃの香味蒸し

味野菜を合わせ、ごはんがすすむ味わいにしました。
て粉をふり、余熱を利用してやわらかく蒸し上げます。

って包丁の背で
ぶす)… 200g

1
洗う)

(ともにみじん切り)

子(種を除き、小口切り)… 1本
酢、酒 … 各大さじ2
しょうゆ … 大さじ1

作り方

1. 鍋に**B**、かぼちゃ、豚肉、**C**の順に入れ、ふたをして弱火にかける。
2. ふたのすきまから蒸気が出たら、ごく弱火で5分加熱し、火を止めてひと混ぜし、ふたをして5分おく。

豚肉は2cm幅に切り、包丁の背で両方の断面を細かくたたく。肉の繊維を断つことで、やわらかく蒸し上がる。

豚バラ肉のキャベツ巻き ピリ辛蒸し

蒸し煮5分

豚バラでたっぷりのキャベツを巻き、肉汁のうまみを吸わせるひと皿。
さっぱり酢じょうゆだれに一味を加えれば、キャベツがもりもり食べられます。

材料 2人分／10個

- 豚バラ薄切り肉（塩をふる）… 10枚（200g）
- 塩 … 小さじ1/2
- キャベツ（せん切り）… 1/4個（250g）
- 酒 … 大さじ2
- Ⓐ しょうゆ、酢 … 各大さじ1
- Ⓐ 一味唐辛子 … 小さじ1/2

豚肉は1枚ずつ広げ、キャベツ適量をのせてくるくる巻く。巻き終わりを下にして、重ならないように鍋に並べて入れる。

作り方

1. 豚肉は1枚ずつキャベツ適量をのせてくるくる巻き、巻き終わりを下にして鍋に並べ、残ったキャベツは中央に入れる。酒をふり、ふたなしで中火にかけ、煮立ったらふたをする。
2. ふたのすきまから蒸気が出たら、ごく弱火で5分加熱する。器に盛り、混ぜたⒶをかける。

白身魚とトマトの和風ジェノバソース

蒸し煮5分

白身魚はトマトにのせ、直火にあてないことでふっくらした食感に。青じそ入りソースにはしょうゆを加え、ごはんに合う味わいにしました。

材料　2人分

白身魚の切り身 … 2枚（200g）*
トマト（横4等分に切る）… 1個（200g）
塩 … 小さじ½
白ワイン … 大さじ2
Ⓐ 青じそ（みじん切り）… 5枚
　オリーブ油 … 大さじ1
　しょうゆ … 小さじ1
＊金目鯛のほか、鯛、さわら、生だら、かじきなど

作り方

1. 鍋にトマト、白身魚（皮目を上にして）、塩、白ワインの順に入れ、ふたなしで中火にかけ、煮立ったらふたをする。
2. ふたのすきまから蒸気が出たら、ごく弱火で5分加熱する。器に盛り、混ぜたⒶをかける。

鮭のねぎ塩蒸し

鮭はきのこにのせてやわらかく、長ねぎは薄切りで、とろりと甘く蒸し上げます。
きのこはしめじ、エリンギでも。長ねぎたっぷりのたれは、食感も楽しめます。

材料 2人分

生鮭の切り身（長さを半分に切り、両面に塩をふる）…2枚（200g）
塩…小さじ$\frac{1}{2}$
長ねぎ（斜め薄切り）…1本
えのきたけ（長さを半分に切り、ほぐす）…1袋（100g）
酒…大さじ2
Ⓐ
- 長ねぎ（みじん切り）…$\frac{1}{2}$本
- ごま油、白いりごま…各大さじ1
- 塩…小さじ$\frac{1}{2}$

作り方

1. 鍋に長ねぎ、えのき、鮭（皮目を上にして）、酒の順に入れ、ふたなしで中火にかけ、煮立ったらふたをする。
2. ふたのすきまから蒸気が出たら、ごく弱火で3分加熱し、火を止めて混ぜたⒶを鮭にのせる。

staub《ストウブ》で無水スープ

ストウブで作るスープは、まず無水で蒸し煮にし、うまみを凝縮させてから
水分を加えるのがポイント。だしやスープの素を使わなくても、
素材そのもののうまみを最大限生かした、しみじみおいしいスープになります。
牛乳や水などでのばしたあとは、さっと煮るだけでもうでき上がり。
具だくさんなので、ごはんやパスタを加えてワンプレートごはんにしても。

Part 3

鮭とさつまいものシチュー

煮込み10分

材料 2人分

甘塩鮭の切り身(長さを半分に切り、両面に片栗粉をまぶす)… 2枚(200g)
片栗粉(または米粉)… 大さじ1
さつまいも(皮ごと1cm角に切り、さっと洗う)… 小2本(300g)
玉ねぎ(1cm角に切る)… 1個
牛乳 … $1\frac{1}{2}$カップ
塩 … 小さじ$\frac{1}{2}$
オリーブ油 … 小さじ1

作り方

1.

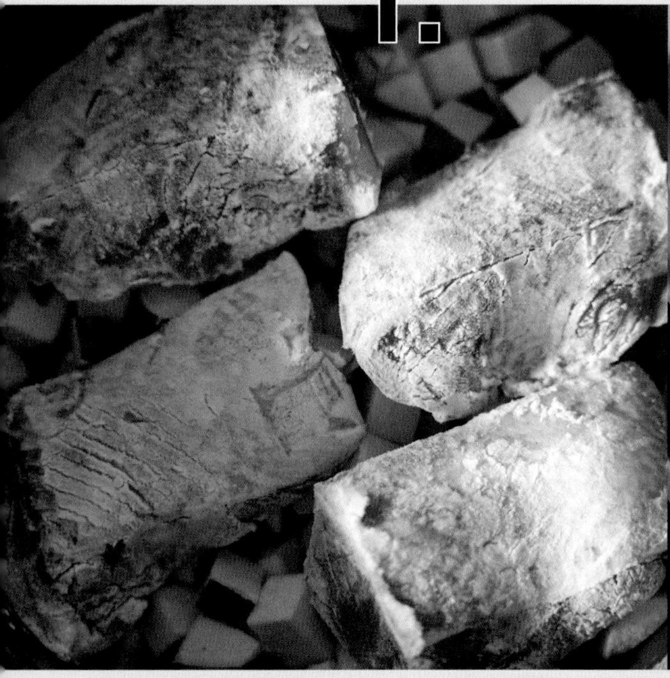

2.

鍋に重ねる

鍋にオリーブ油、玉ねぎ、塩、さつまいも、鮭(皮目を上にして)の順に重ねて入れる。

中火にかける⇒ごく弱火で5分加熱する

ふたをして中火にかけ、ふたのすきまから蒸気が出たら、ごく弱火にして5分加熱する。

＊中火は、鍋底から火がはみ出ないくらい。IHなら10段階調節で4～5
＊5～10分たっても蒸気が出ない時は、ふたのつまみをさわって熱くなってきているか確認を(やけどに注意)。熱くならなければ、火を少し強めて
＊ごく弱火は、火が消える寸前くらいのとろ火。IHなら10段階調節で1～2

子どもたちも喜ぶ、具材たっぷりの食べるシチューです。
さつまいもは小さめの1cm角に切ることで、鮭とのからみがよくなり、
ごはんにかけてもおいしいひと皿に。じゃがいもで作ったり、きのこを加えても。

3.

4.

牛乳を加える

牛乳を加えて混ぜ、中火で煮立たせる。

＊牛乳を加えたら、具材が固まらないように全体を混ぜて均一にする

ごく弱火で5分煮る

ふたをしないで、ごく弱火で5分加熱する。

煮込み 10 分

鶏もも肉と炒めキャベツのクリームスープ

濃厚な生クリームのスープに、鶏肉のうまみと
焼きつけたキャベツの香ばしさが格別。
豆乳や牛乳で作ったり、パスタとあえてもおいしい。

煮込み 15 分

ベーコンと雑穀のしょうがスープ

ベーコンのコク＋凝縮した野菜の甘みに、
しょうがが味の決めて。体が温まるスープです。
雑穀入りで、栄養バランスと食べごたえもアップ。

鶏もも肉と炒めキャベツのクリームスープ

材料 2人分

鶏もも肉（皮つきのまま8等分に切り、
　Ⓐを両面に順にまぶす）… 1枚（300g）
Ⓐ┬塩 … 小さじ$\frac{1}{2}$
　└片栗粉（または米粉）… 大さじ1
キャベツ（3cm角に切る）… $\frac{1}{4}$個（250g）
塩 … 小さじ$\frac{1}{2}$
生クリーム（乳脂肪分35%のもの）… 1カップ
オリーブ油 … 小さじ1

作り方

1. 鍋にオリーブ油、キャベツ、塩、鶏肉（皮目を上にして）の順に入れ、ふたをして中火にかける。
2. ふたのすきまから蒸気が出たら、ごく弱火で10分加熱し、ふたをとって生クリームを加えてひと混ぜし、中火でひと煮立ちさせる。

ベーコンと雑穀のしょうがスープ

材料 2人分

ベーコン（1cm角に切る）… 3枚
玉ねぎ（1cm角に切る）… 1個
にんじん（1cm角に切る）… $\frac{1}{2}$本（75g）
しょうが（せん切り）… 1かけ
雑穀ミックス（水に30分以上つけ、
　茶こしで水けをきる）… 1袋（30g）
しょうゆ … 大さじ1
塩 … 小さじ$\frac{1}{2}$

作り方

1. 鍋に材料を上から順に入れ、ふたをして中火にかける。
2. ふたのすきまから蒸気が出たら、ごく弱火で10分加熱⇒ふたをとって水2$\frac{1}{2}$カップを加えて中火で煮立ったら、ごく弱火で5分加熱する。

雑穀ミックス

黒米、きび、あわ、豆類などの16種類の穀物をブレンドしたもの。ミネラル、ビタミン、食物繊維など栄養価が豊富で、スープに入れると食べごたえもアップ。

牛肉とにらのユッケジャンスープ

材料 2人分

牛こま切れ肉（3cm幅に切る）… 200g
にんじん（細切り）… $\frac{1}{2}$本（75g）
にら（5cm幅に切る）… $\frac{1}{2}$束（50g）
Ⓐ コチュジャン、しょうゆ … 各大さじ2
　豆板醤 … 小さじ1
　塩 … 小さじ$\frac{1}{2}$
卵 … 1個
ごま油 … 小さじ1

作り方

1. 鍋にごま油、にんじん、にら、牛肉、Ⓐの順に入れ、ふたをして中火にかける。
2. ふたのすきまから蒸気が出たら、ごく弱火で5分加熱し、ふたをとって水1$\frac{1}{2}$カップを加えて中火で煮立ったら、溶いた卵を加えてごく弱火で火が通るまで混ぜる。

さば缶のスンドゥブ風スープ

材料 2人分

さば水煮缶 … 1缶（190g）
長ねぎ（斜め薄切り）… 1本
Ⓐ コチュジャン … 大さじ2
　しょうゆ … 大さじ1
　一味唐辛子 … 小さじ1
塩 … 小さじ$\frac{1}{2}$
卵 … 2個
ごま油 … 小さじ1

作り方

1. 鍋にごま油、長ねぎ、さば缶（汁ごと）、Ⓐの順に入れ、ふたをして中火にかける。
2. ふたのすきまから蒸気が出たら、ごく弱火で5分加熱⇒ふたをとって水2$\frac{1}{2}$カップ、塩を加えて中火で煮立ったら、卵を割り入れてふたをしてごく弱火で3分加熱する。

煮込み5分

牛肉とにらのユッケジャンスープ

ピリ辛のスープは、牛肉のコクとにらの香りで
スタミナ満点。仕上げの卵で、辛みをマイルドに。
ごはんにかけて食べても抜群のおいしさです。

煮込み8分

さば缶のスンドゥブ風スープ

さば缶は汁ごと加えて、うまみをスープのだしに。
一味がたっぷり入って、パンチがきいた辛さです。
豆腐を加えてボリュームを出し、おかずにしても。

鶏団子とレタスのうま塩スープ

**肉団子は、ひき肉をつまんでポイッと鍋に入れるだけ。
塩麹で味つけすれば、体の芯から温まるしみじみとしたおいしさです。
野菜は小松菜やキャベツでも。ごはんを入れて、雑炊にするのもおすすめ。**

煮込み**5**分

材料　2人分

鶏ひき肉（むね・Ⓐを軽く混ぜる）… 200g
Ⓐ 塩 … 小さじ$\frac{1}{2}$
　 ごま油 … 小さじ2
レタス（1㎝幅に切る）… $\frac{1}{2}$個（150g）
塩麹 … 大さじ2＊
オリーブ油 … 小さじ1
白いりごま … 小さじ2
＊なければ塩小さじ$\frac{1}{2}$

塩麹
米麹と塩、水を発酵させた調味料。スープの味つけに使うと、うまみと甘みが加わる。肉や魚に重量の10%を目安にもみ込めば、ぐっとやわらかく、甘みも出る。

作り方

1. 鍋にオリーブ油、レタス、ひき肉（指でひと口大につまんで）の順に入れ、ふたをして中火にかける。

2. ふたのすきまから蒸気が出たら、ごく弱火で5分加熱し、ふたをとって水1$\frac{1}{2}$カップ、塩麹を加えて中火でひと煮立ちさせる。器に盛り、いりごまをふる。

ひき肉に塩とごま油を混ぜたら、指でひと口大につまんで鍋へ。ひき肉のパックのまま作業すれば、洗いものも出なくてラク。

ストウブ＝煮込みのイメージですが、実は炒めものや焼きものも大の得意。
蓄熱性にすぐれたストウブは、一度温まったら温度がなかなか下がらず、
ふたをして加熱することで全方向からまんべんなく火が入り、
短時間で野菜はシャキッと、肉や魚はふっくらやわらかに仕上がります。
調理時間が短いので、材料をすべて準備してから調理を始めてください。

Part 4

staub《ストウブ》で 1分炒めと さっと焼き

豚こま肉とピーマンの黒酢炒め

材料 2人分

豚こま切れ肉（1㎝幅に切り、Ⓐを順にまぶす）
　…200g
Ⓐ┬塩…小さじ½
　└片栗粉（または米粉）…大さじ1
ピーマン（縦にせん切り）…4個
塩…小さじ½
黒酢…大さじ2
ごま油…小さじ1

作り方

1.

2.

油を熱する

鍋にごま油を入れ、中火にかける（煙が出るまで）。

＊中火は、鍋底から火がはみ出ないくらい。IHなら10段階調節で4〜5
＊加熱時間が短いので、調味料も先に準備しておくといい

具材を重ねる

煙が出たら、豚肉（広げて）、ピーマンの順に重ねて入れる。

豚こまは粉をまぶし、黒酢のやさしい酸味をしっかりからませます。
鍋を熱したら、豚肉⇒ピーマンと手早く重ねるのがポイント。
スピード勝負の1分炒めで、ピーマンが最高の歯ごたえに仕上がります。

3.

4.

1分加熱する

ふたをし、中火で1分加熱する。

黒酢

長期間発酵・熟成させた米酢で、まろやかな酸味と甘みを持つ。炒めものの味つけに使うと、風味と甘みが増す。酢のかわりに使っても、まろやかでおいしい。

調味料を加えて混ぜる

塩、黒酢を加え、中火のまま肉に火が通るまで混ぜる。

＊混ぜ終わりの目安は、肉の色が変わって、黒酢の水分がなくなるまで

豚バラ肉とキャベツのお好み焼き風

豚バラのコク、キャベツの甘みがぎっしり。先に肉に火を通してから卵を入れると、鍋にくっつきにくいです。マヨや青のりをかけても。

材料 2人分

豚バラ薄切り肉（3cm幅に切り、塩をふる）…5枚（100g）
塩…小さじ$\frac{1}{2}$
キャベツ（3cm角に切る）…$\frac{1}{8}$個（125g）
卵…1個
オリーブ油…小さじ1
Ⓐ中濃ソース…大さじ1
　削り節…1袋（2g）

作り方

1. 鍋にオリーブ油を中火で熱し、煙が出たら豚肉、キャベツの順に入れ、ふたをして1分加熱する。
2. ふたをとって中火のまま肉に火が通るまで混ぜ、溶いた卵を加えて火が通るまで混ぜる。器に盛り、Ⓐをかける。

鶏ひき肉ともやしのラー油炒め

炒め 1 分

高温の鍋で一気に仕上げた、もやしのシャキシャキ感がごちそう。
鶏ひきは豚ひきを使ってもOK。ピリッとラー油がアクセントです。

材料 2人分

鶏ひき肉（もも・Ⓐを順にふる）… 100g
Ⓐ 塩 … 小さじ$\frac{1}{4}$
　片栗粉（または米粉）… 大さじ1
もやし … 1袋（200g）
塩 … 小さじ$\frac{1}{2}$
ラー油 … 小さじ2
ごま油 … 大さじ1

作り方

1. 鍋にごま油を中火で熱し、煙が出たらひき肉（広げて）、もやしの順に入れ、ふたをして1分加熱する。
2. 塩、ラー油を加え、中火のまま肉に火が通るまで混ぜる。

牛肉の五目きんぴら風

炒め1分

ごぼうは1分炒めで食感を生かしつつ、牛肉のうまみ、甘辛だれをからめて。
豚こま、れんこんで作ったり、しっかり味なのでお弁当にもおすすめ。

材料 2人分

牛こま切れ肉（細切りにし、Ⓐを順にまぶす）… 100g
Ⓐ 塩 … 小さじ$\frac{1}{4}$
　 片栗粉（または米粉）… 大さじ1
ごぼう（よく洗い、皮ごと5cm長さの細切り）
　… $\frac{1}{2}$本（100g）
にんじん（細切り）… $\frac{1}{2}$本（75g）
いんげん（斜め薄切り）… 8本
Ⓑ みりん … 大さじ2
　 しょうゆ … 大さじ1
オリーブ油 … 小さじ1

作り方

1. 鍋にオリーブ油を中火で熱し、煙が出たらごぼう、にんじん、いんげん、牛肉の順に入れ、ふたをして1分加熱する。
2. Ⓑを加え、中火のまま肉に火が通るまで混ぜる。

たことまいたけの梅しそ炒め

さっと炒めるから、たこはやわらかなまま。梅干しの酸味で、さっぱりといただけます。えびやほたて、小松菜で作っても。

材料 2人分

ゆでだこの足（1cm幅に切る）… 1本（100g）
まいたけ（ほぐす）… 1パック（100g）
水菜（3cm幅に切る）… 1/2束（100g）
梅干し（種を除き、たたく）… 2個（正味15g）
オリーブ油 … 小さじ1
青じそ（せん切り）… 5枚

作り方

1. 鍋にオリーブ油を中火で熱し、煙が出たらまいたけ、たこ、水菜の順に入れ、ふたをして1分加熱する。
2. 梅干しを加え、中火のままよく混ぜ、器に盛って青じそをのせる。

ほたてのふわふわ卵

**卵は半熟状に炒めて一度取り出すことで、ふわふわの食感に。
ほたてのうまみが詰まった中華味です。えびやツナで作るのもおすすめ。**

材料 2人分

ボイルほたて … 小12個（100g）
玉ねぎ（横に薄切り）… 1/2個
小松菜（3㎝幅に切る）… 2株（60g）
卵 … 2個
オイスターソース … 大さじ1
オリーブ油 … 小さじ1

作り方

1. 鍋にオリーブ油を中火で熱し、煙が出たら溶いた卵を流し入れ、ヘラで大きく混ぜながら半熟状に火を通して取り出す。
2. 続けてオリーブ油小さじ1（分量外）を中火で熱し、煙が出たら玉ねぎ、ほたて、小松菜の順に入れ、ふたをして1分加熱する。火を止めてオイスターソース、**1**を加え、ひと混ぜする。

豚こま肉のチーズピカタ

手頃な豚こま肉を、薄めのハンバーグ状に丸めて食べごたえ満点に。
チーズでコクをアップ。そぎ切りの鶏むね肉で作ったり、ケチャップをかけても。

材料 2人分／2個

豚こま切れ肉（2等分して薄い小判形にまとめ、Ⓐを両面に順にまぶす）… 200g
Ⓐ 塩 … 小さじ1/4
　 小麦粉 … 大さじ1
なす（1㎝幅の輪切りにし、小麦粉をまぶす）… 1本（100g）
小麦粉 … 大さじ1
Ⓑ 溶き卵 … 1個分
　 小麦粉、粉チーズ … 各大さじ1
オリーブ油 … 大さじ1

作り方

1. 鍋にオリーブ油を中火で熱し、煙が出たら混ぜたⒷをからめた豚肉を入れ、ふたをして3分加熱⇒豚肉を裏返し、ふたをしてごく弱火で5分加熱して取り出す。
2. 続けてオリーブ油小さじ1（分量外）、Ⓑをからめたなすを入れ、ふたをして中火で2分加熱し、裏返して火を止め、ふたをして1分おく。

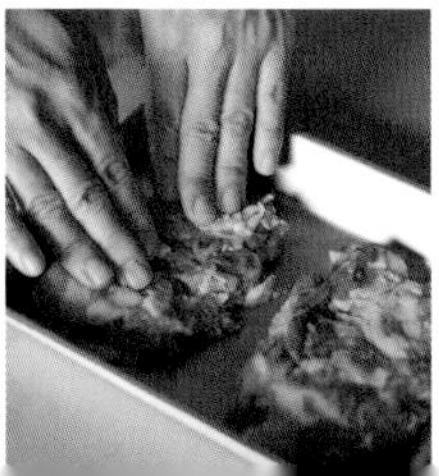

豚こまは2等分し、肉をくっつけるようにして手で上から押し、薄い小判形にまとめる。これでくずれにくくなる。

鶏むね肉のタイ風焼きとり

鶏肉はエスニック風の下味をつけ、皮目から香ばしく焼きつけます。たれは、はちみつ入りで甘めの味。キリッとしょうがが隠し味です。

材料 2人分

鶏むね肉（皮つきのまま半分に切り、
フォークで両面に穴をあけ、
Ⓐをからめて10分おく）… 1枚（300g）
Ⓐ ナンプラー … 大さじ1
オイスターソース … 小さじ2
はちみつ … 小さじ1
しょうが（みじん切り）… 1かけ
パプリカ（赤・縦4等分に切る）… 1/2個
オリーブ油 … 小さじ2
香菜《シャンツァイ》（あれば・ざく切り）… 適量

作り方

1. 鍋にオリーブ油を中火で熱し、煙が出たら汁けをふいた鶏肉（皮目を下にして・つけ汁は残しておく）、しょうが（肉の上に）、パプリカの順に入れ、ふたをして2分加熱する。
2. 鶏肉を裏返し、ふたをしてごく弱火で5分加熱⇒ふたをとってつけ汁を加え、5分煮詰める。火を止めてふたをして5分おき、鶏肉を食べやすく切ってパプリカとともに器に盛り、香菜をのせる。

合びき肉とトマトのチーズ焼き

焼き5分

ジューシーなひき肉に、煮くずれたトマト＆チーズがとろ〜り。肉は、なるべく薄くのばすのがコツ。パンにはさんでも合います。

材料 2人分

| 合びき肉（塩をふり、軽く混ぜる）… 200g
| 塩 … 小さじ1/2

トマト（6等分のくし形切り）… 1個（200g）

Ⓐ─ケチャップ、中濃ソース … 各大さじ1

ピザ用チーズ … 大さじ2

オリーブ油 … 小さじ1

作り方

1. 鍋にオリーブ油を中火で熱し、煙が出たらひき肉（ヘラで平らに広げて）、トマト、Ⓐの順に入れ、ふたをする。
2. ふたのすきまから蒸気が出たら、ごく弱火で5分加熱し、ふたをとってチーズをのせ、中火で汁けがなくなるまで煮詰める。

牛肉とエリンギのガーリックチリ焼き

焼き3分

こま切れ肉をまとめて食べごたえを出し、うまみをエリンギに吸わせます。メキシコ風のスパイスに、にんにくをきかせて食欲をそそる味わい。

材料 2人分／4個

- 牛こま切れ肉（4等分して薄い小判形にまとめ、両面に塩をふる）… 200g
- 塩 … 小さじ1/4
- エリンギ（縦横半分に切る）… 1パック（100g）
- にんにく（薄切り）… 1かけ
- Ⓐ チリパウダー … 小さじ1
- Ⓐ 塩 … 小さじ1/4
- オリーブ油 … 小さじ1

作り方

1. 鍋にオリーブ油を中火で熱し、煙が出たら牛肉、エリンギ（肉のすきまに入れる）、にんにくの順に入れ、ふたをする。
2. ふたのすきまから蒸気が出たら、ごく弱火で3分加熱し、火を止めてⒶを加えて混ぜる。

牛肉は4等分し、肉をくっつけるようにして手で上から押し、薄い小判形にまとめる。これでくずれにくく、食べごたえも十分に。

staub《ストウブ》で
無水カレーとパスタ

ストウブで無水で作るカレーは、野菜の甘みがぐっと引き出されるので、
煮込み時間わずか5～15分でも、何日も寝かせたような奥深い味わいに。
スパイスもカレー粉だけでOKで、あとは素材のうまみでおいしくなります。
パスタは麺を別ゆでせず、直接ソースに加えて煮込むクイックレシピ。
麺を食材ではさむように重ねて加熱すると、ムラなくやわらかくなります。

Part 5

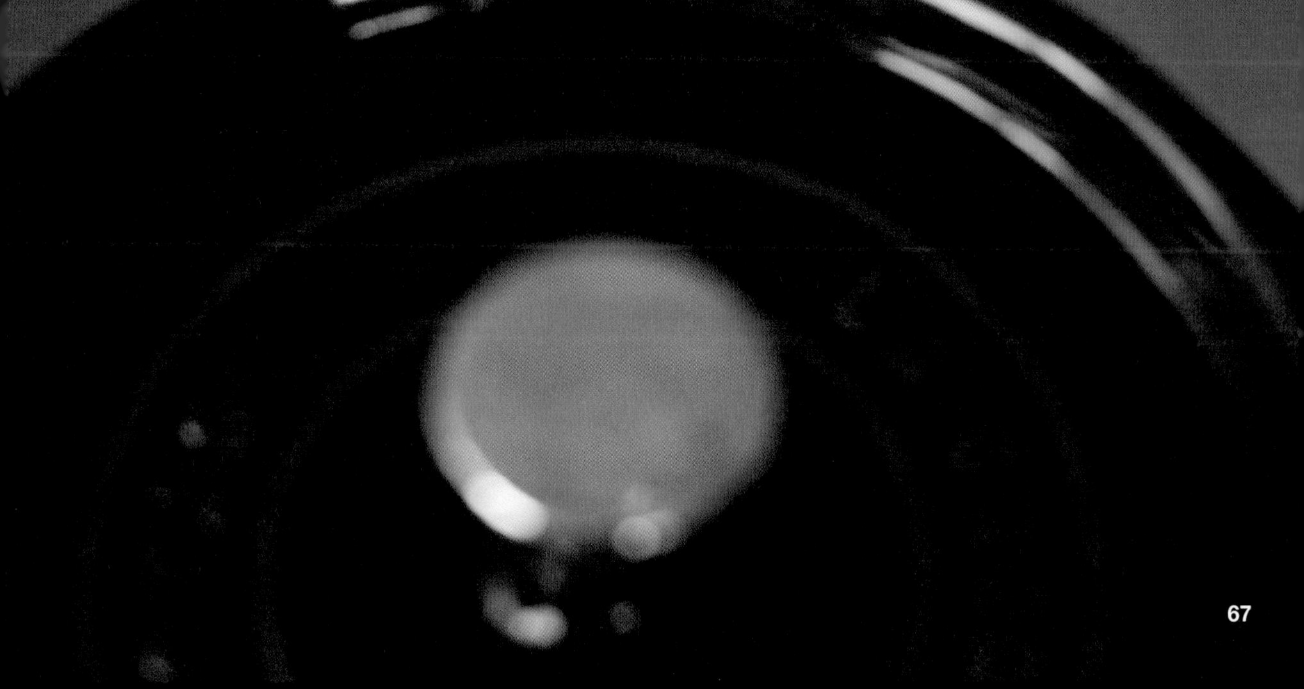

カラフル和風キーマカレー

煮込み 10 分

材料 2～3人分

豚ひき肉 … 200g
玉ねぎ（1cm角に切る）… 1個
なす（1cm角に切る）… 1本（100g）
Ⓐ パプリカ（赤・1cm角に切る）… 1個
　ししとう（ヘタを除く）… 8本
　みそ、カレー粉 … 各大さじ1
　塩 … 小さじ$\frac{1}{2}$
オリーブ油 … 小さじ2
バター … 10g
ごはん … 適量

作り方

1.

2.

鍋に重ねる

→→→

鍋にオリーブ油、玉ねぎ、なす、ひき肉（広げて）の順に入れ、

＊なすの上にひき肉を重ねることで、肉のうまみをなすに吸わせる

Ⓐを順に重ねて入れる。

野菜を小さく切ることで、早く火が入るようにしたスピードカレー。
ひき肉のうまみをなすが吸って、みそが全体の味をまとめてくれます。
野菜なら何を入れてもよく、ピーマン、じゃがいも、かぼちゃで作っても。

3.

4.

中火にかける

ふたをし、中火にかける（蒸気が出るまで）。

＊中火は、鍋底から火がはみ出ないくらい。IHなら10段階調節で4〜5

＊5〜10分たっても蒸気が出ない時は、ふたのつまみをさわって熱くなってきているか確認を（やけどに注意）。熱くならなければ、火を少し強めて

ごく弱火で10分煮る

ふたのすきまから蒸気が出たら、ごく弱火にして10分加熱する。火を止めてバターを加えてよく混ぜ、器に盛ったごはんにかける。

＊ごく弱火は、火が消える寸前くらいのとろ火。IHなら10段階調節で1〜2

煮込み15分

鶏ひき肉と豆の雑穀カレー

豆と雑穀入りで、食べごたえも満点。
雑穀は、水でやわらかくするのがコツ。
バゲットにのせたり、お弁当にもぜひ。

煮込み5分

ココナッツシュリンプカレー

クリーミーなココナッツと香味野菜で、
煮込み5分とは思えない本格味です。
えびは下に入れて焼きつけ、うまみをアップさせて。

鶏ひき肉と豆の雑穀カレー

材料 2～3人分

鶏ひき肉（むね）… 200g
玉ねぎ（粗みじん切り）… 1個*
にんじん（粗みじん切り）… 1本（150g）*
Ⓐ ミックスビーンズ（ドライパック）
　… 1袋（70g）
　雑穀ミックス（水に30分以上つけ、
　茶こしで水けをきる）… 1袋（30g）**
　カレー粉 … 大さじ2
　塩 … 小さじ1
オリーブ油 … 小さじ2
ごはん … 適量
*フードプロセッサーにかけてもいい
** 51ページ参照

作り方

1. 鍋にオリーブ油、玉ねぎ、にんじん、ひき肉（広げて）、Ⓐを順に入れ、ふたをして中火にかける。
2. ふたのすきまから蒸気が出たら、ごく弱火で15分加熱する。器に盛ったごはんにかける。

ココナッツシュリンプカレー

材料 2～3人分

Ⓐ むきえび（背ワタを除く）… 15尾（150g）
　玉ねぎ（粗みじん切り）… 1/2個*
　にんじん（粗みじん切り）… 1/2本（75g）*
　セロリ（葉ごと粗みじん切り）… 1本*
　にんにく、しょうが（ともにみじん切り）*
　… 各1かけ
　カレー粉 … 大さじ2
　塩 … 小さじ1
ココナッツミルク … 1缶（400㎖）
オリーブ油 … 小さじ1
ごはん … 適量
*フードプロセッサーにかけてもいい

作り方

1. 鍋にオリーブ油、Ⓐを順に入れ、ふたをして中火にかける。
2. ふたのすきまから蒸気が出たら、ごく弱火で5分加熱し、ふたをとってココナッツミルクを加え、中火でひと煮立ちさせる。器に盛ったごはんを添える。

ワンストウブナポリタン

材料 2人分

スパゲッティ（7分ゆでのもの）… 100g
ウインナー（斜め薄切り）… 3本
玉ねぎ（縦半分に切り、横1cm幅に切る）… 1個
ピーマン（薄い輪切り）… 2個
Ⓐ カットトマト缶 … 1缶（400g）
　ケチャップ … 大さじ2
　塩 … 小さじ1
オリーブ油 … 小さじ2
バター … 10g

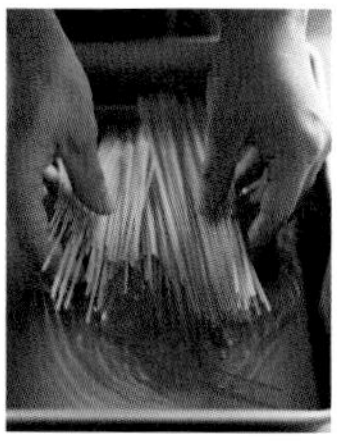

スパゲッティは半分に折り、全体を水にくぐらせてから鍋に入れる。水につけることで、短時間で火が通りやすくなる。

作り方

1. 鍋にオリーブ油、玉ねぎ、ウインナー、ピーマン、スパゲッティ（半分に折って水にくぐらせて）、Ⓐを順に入れ、ふたをして中火にかける。
2. ふたのすきまから蒸気が出たらひと混ぜし、ふたをしてごく弱火で10分加熱し、火を止めてバターを加えてよく混ぜる。

ワンストウブ明太クリームペンネ

材料 2人分

ペンネ（9分ゆでのもの）… 100g＊
明太子（薄皮ごと4等分に切る）… 2本（80g）
玉ねぎ（横1cm幅に切る）… ½個
しめじ（ほぐす）… 1パック（100g）
Ⓐ 牛乳 … 1カップ
　塩 … 小さじ½
バター … 10g
＊好みのショートパスタでOK。ただし、早ゆでタイプはNG

作り方

1. 鍋にバター、玉ねぎ、ペンネ（水にくぐらせて）、しめじ、明太子、Ⓐの順に入れ、ふたなしで中火にかけ、煮立ったらふたをする。
2. ごく弱火で12分加熱し、火を止めてよく混ぜる。

煮込み10分

ワンストウブ ナポリタン

パスタを別ゆでせず、直接加えて煮るレシピ。
麺は水にくぐらせておき、トマト缶と煮込めば、
うまみを吸ってワンランク上の味わいに。

煮込み12分

ワンストウブ 明太クリームペンネ

こちらも、ペンネを直接加えてスピード調理。
牛乳であっさり仕上げるかわりに、
バターでコクと風味を加えるのがポイント。

ワンストウブ シーフードペンネ

煮込み15分

魚介と野菜がたっぷり入った、具だくさんのパスタだから、
ランチや夕食はもちろん、おもてなしメニューの前菜としても。
粒マスタードと酢をダブルできかせ、あと味はさっぱりです。

材料　2人分

ペンネ（9分ゆでのもの）… 100g
むきえび（背ワタを除く）… 10尾（100g）
ツナ缶（食塩、オイル無添加のもの）… 小1缶（70g）
玉ねぎ（縦半分に切り、横に薄切り）… 1個
セロリ（茎は斜め薄切りにし、葉はざく切り）… 1本
トマト（1cm角に切る）… 1個（200g）
Ⓐ 酢 … 大さじ2
　 塩 … 小さじ½
粒マスタード … 大さじ1
オリーブ油 … 小さじ1

作り方

1. 鍋にオリーブ油、玉ねぎ、セロリ、ペンネ（水にくぐらせて）、えび、ツナ（汁ごと）、トマト、Ⓐの順に入れ、ふたをして中火にかける。
2. ふたのすきまから蒸気が出たら、ごく弱火で15分加熱し、火を止めて粒マスタードを加えてよく混ぜる。

Part 6

staub《ストウブ》で ごちそう

見た目が華やかなごちそうというよりも、普段家ではなかなか作らないような、
少しだけ特別感のあるものを集めました。ちょっと手間や時間がかかるけれど、
ストウブなら鍋まかせで作れるのは一緒。なるべく手軽なレシピにしてあるので、
休日や記念日などにぜひ試してみて。フレンチやイタリアン、本格中華料理など、
みんなが喜ぶおしゃれなメニューだから、おもてなしや持ち寄り会にもどうぞ。

煮込み30分

ポークリエット

材料 4人分

豚肩ロースかたまり肉 … 300g
玉ねぎ（横に薄切り）… 1/2個
セロリ（斜め薄切り）… 1/2本
にんにく（薄切り）… 1かけ
ケッパー、酒 … 各大さじ1
塩 … 小さじ2/3

作り方

1.

2.

1. 鍋に重ねて中火にかける

鍋に材料を上から順に重ねて入れ、ふたをしないで中火にかける。

＊中火は、鍋底から火がはみ出ないくらい。IHなら10段階調節で4～5
＊ふたをしないのは、酒のアルコール分をとばすため

2. 煮立ったらふたをする

調味料がふつふつと煮立ったら、ふたをする（蒸気が出るまで）。

＊5～10分たっても蒸気が出ない時は、ふたのつまみをさわって熱くなってきているか確認を（やけどに注意）。熱くならなければ、火を少し強めて

やわらかく煮込んだ豚肉をペースト状にした、伝統的なフランス料理。
ケッパーが隠し味で、パンやクラッカーに塗ればワインとも相性抜群。
肉はしっかり冷ましてから、フードプロセッサーでなめらかにします。

3.

4.

ごく弱火で30分加熱する

ふたのすきまから蒸気が出たら、ごく弱火にして30分加熱する。

＊ごく弱火は、火が消える寸前くらいのとろ火。IHなら10段階調節で1～2

フードプロセッサーにかける

火を止め、ふたをしたまま2時間（～できれば冷めるまで）おく。肉を5㎝角に切り、汁ごとフードプロセッサーにかけてペースト状にする。パン（分量外）などを添えて食べる。

＊完全に冷ましたほうが、フードプロセッサーで回しやすい
＊日持ちは冷蔵室で2～3日

煮込み12分

レバーの赤ワイン煮

レバーは血のかたまりを除き、熱した鍋でにんにくと焼きつけることで、くさみが消えて食べやすく。片栗粉をまぶし、味がよくからむようにします。赤ワインに加えたしょうゆとはちみつのおかげで、こっくりと濃厚でいて白いごはんにも合う、なじみのある味わいになります。

材料 2人分

鶏レバー（キッチンばさみで血のかたまりを除き、よく洗って水けをしっかりふき、3cm角に切って❹を順にまぶす）… 200g

❹
- 塩 … 小さじ$\frac{1}{2}$
- 片栗粉（または米粉）… 小さじ1

にんにく（薄切り）… 1かけ

❺
- 赤ワイン … $\frac{1}{2}$カップ
- しょうゆ、はちみつ … 各大さじ1

オリーブ油 … 小さじ1

作り方

1. 鍋にオリーブ油を中火で熱し、煙が出たらレバー、にんにくの順に入れ（**a**）、ふたをして1分加熱する。
2. レバーを裏返し、❺を加え（**b**）、煮立ったら中火で1分加熱⇒ふたをしてごく弱火で10分加熱する。ふたをとって時々混ぜながら、中火でとろみがつくまで煮詰める。

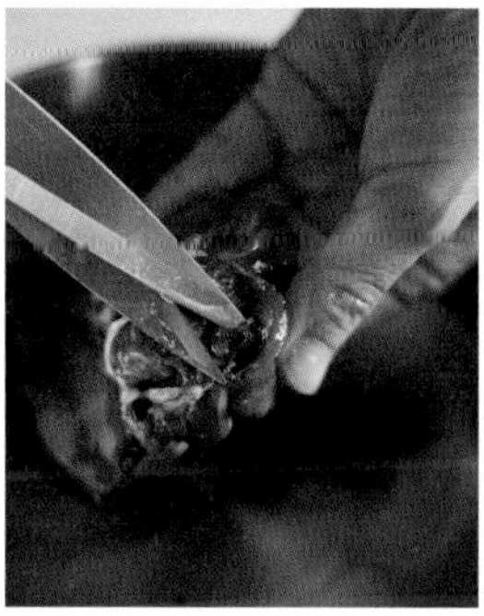

レバーはキッチンばさみで血のかたまりや白い脂肪をていねいに除き、水でよく洗う。ハツがついていたら、端の白い部分を切って半分に切り、血のかたまりを除いて使って。

a.

b.

煮込み10分

アラビアータソース
ハンバーグ

肉だねにはシンプルに塩を加えるだけで、みちっと肉感たっぷりのボリュームハンバーグに。先に焼きつけず、いきなりソースと煮ても、うまみが詰まったごちそうになります。アクセントの一味唐辛子は、辛いのが苦手ならなしでも。残ったソースは、パスタにからめてどうぞ。

材料　2人分／4個

合びき肉（ボウルにⒶとともに入れ、手でなじむまでこね、4等分して小判形にまとめる）… 300g
Ⓐ┬塩 … 小さじ$\frac{1}{2}$
　└水 … 大さじ2
玉ねぎ（みじん切り）… $\frac{1}{2}$個
にんにく（みじん切り）… 1かけ
カットトマト缶 … 1缶（400g）
一味唐辛子 … 小さじ$\frac{1}{2}$
オリーブ油 … 小さじ1

作り方

1. 鍋にオリーブ油、玉ねぎ、肉だね（a）、トマト缶、にんにく、一味の順に入れ（b）、ふたをして中火にかける。
2. ふたのすきまから蒸気が出たら、ごく弱火で10分加熱する。

a.

b.

煮込み**25**分

簡単トンポーロー

長時間煮込むイメージがある、本格中華料理の豚の角煮も、煮込み時間わずか25分で完成。手頃なカレー用の角切り肉なら、切る手間もなく火通りもスピーディ。甘辛味に五香粉《ウー シャンフェン》が香ります。仕上げにとろみがつくまで煮詰め、しっかり味をからめます。

材料　4人分

豚角切り肉（カレー用）… 400g＊
Ⓐ┬しょうゆ、みりん、砂糖 … 各大さじ2
　├酒 … 大さじ1
　└五香粉《ウー シャンフェン》 … 小さじ1

＊少し脂肪があるものがおすすめ。または豚肩ロース、バラ、ももかたまり肉をひと口大に切って使っても

五香粉《ウー シャンフェン》

八角、クローブ、花椒(ホアジャオ)、シナモンなどを混ぜた中国のミックススパイス。独特の香りで、少量でアジアの味に。ひき肉の炒めものにふったり、きんぴらの仕上げにひとふりしても美味。

作り方

1. 鍋に豚肉（**a**）、Ⓐの順に入れ（**b**）、ふたなしで中火にかけ、煮立ったらひと混ぜしてふたをする。

2. ごく弱火で20分加熱⇒ふたをとって時々混ぜながら、中火でとろみがつくまで5分煮詰める。

a.

b.

ロースハム

下味の砂糖で肉をやわらかく、塩でうまみを凝縮させます。
冷めるまでおいて余熱で火を入れると、やわらかくジューシーに。

材料 4人分

豚肩ロースかたまり肉（Ⓐを順にまぶし、ポリ袋に入れて冷蔵室でひと晩〜3日おく）…250g×2個
Ⓐ
- 砂糖…小さじ2＊
- 塩…小さじ1強＊

ローリエ…2枚
オリーブ油…小さじ1
＊肉の重さの1.3％が目安

作り方

1. 鍋にオリーブ油、豚肉、ローリエの順に入れ、ふたをして弱火で20分加熱する。
2. 豚肉を裏返し、ふたをしてごく弱火で10分加熱し、火を止めて冷めるまでおく。冷蔵室で冷やしてから薄く切り、器に盛って水菜（分量外・あれば）を添える。
＊冷蔵室で冷やすと、きれいに薄く切れる

揚げ焼き油淋鶏《ユーリンチー》

揚げ焼き 10分

鶏肉はふたをずらして揚げ焼きにし、皮はパリッ、中はしっとりと。長ねぎたっぷりの甘酢だれで、箸がとまらないおいしさです。

材料　2人分

鶏むね肉（皮つきのまま観音開きにし、包丁の背で両面をたたいて縦半分に切り、Ⓐを順にふって10分おき、汁けをしっかりふいて片栗粉をまぶす）… 1枚（300g）

Ⓐ
- 塩 … 小さじ$\frac{1}{4}$
- しょうゆ、酒 … 各小さじ1

片栗粉（または米粉）… 大さじ2

オリーブ油 … 大さじ4

Ⓑ
- 長ねぎ（みじん切り）… $\frac{1}{2}$本
- しょうが（みじん切り）… 1かけ
- 酢、砂糖 … 各大さじ1
- ごま油 … 小さじ2

作り方

1. 鍋にオリーブ油を中火で熱し、煙が出たら鶏肉（皮目を下にして）を入れ、ふたをして5分加熱する。
2. ふたをとって（水滴が油に落ちないよう水平にスライドさせて・92ページ参照）鶏肉を裏返し、ふたを少しずらしてのせて弱火で5分加熱する。食べやすく切って器に盛り、混ぜたⒷをかける。

＊油がはねるので、やけどに注意

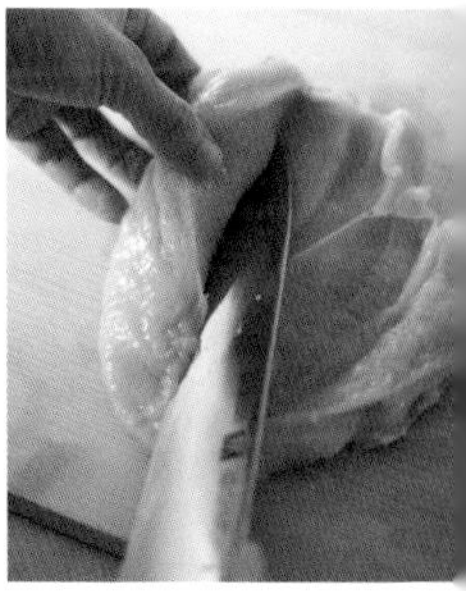

鶏肉はまん中から片側に向かって斜めに包丁を入れて開き、180度回してもう片側も同様に開く。厚い部分は、少しずつ削ぐように切って。

staub《ストウブ》で スモーク調理

ハードルが高めのスモーク調理（燻《くん》製《せい》作り）も、気密性と蓄熱性抜群のストウブなら手軽に。アルミホイルを敷いて燻製チップを入れ、食材をのせて5～20分加熱するだけです。

材料 4人分

豚バラかたまり肉 … 300g＊
Ⓐ┬砂糖 … 小さじ１強＊＊
　└塩 … 小さじ$\frac{2}{3}$＊＊
スモークチップ … 20g
＊豚肩ロースかたまり肉でもOK
＊＊肉の重さの1.2%が目安

スモークチップ

木を砕いてチップ状にした燻煙材で、煙を出して食材に香りや色をつける。りんご、ならの木など数種類あるが、万能なさくらのチップがおすすめ。アウトドアショップのほか、100円ショップでも購入可。

作り方

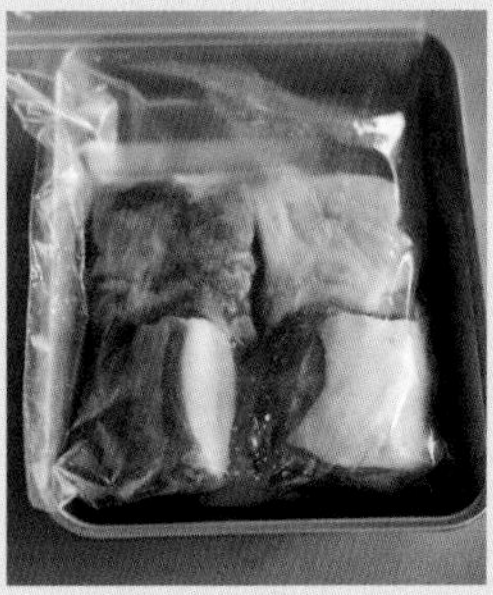

1.
豚肉に下味をつける
豚肉は長さを４等分に切り、Ⓐを順にまぶし、ファスナー式の保存袋に入れて冷蔵室でひと晩（～３日）おく。

2.
スモークチップを入れる
鍋にアルミホイルを敷き、スモークチップを広げて入れる。
＊高温になっても安全装置が働かない、カセットコンロを使うのがおすすめ
＊調理中はしっかり換気をしてください

3.
豚肉を入れる
豚肉はペーパーで水けをしっかりふき、オーブンシートにのせ、スモークチップの上にのせる。
＊シートのはみ出した部分は、燃えないように必ず中に折り込む

4.
中火で10分加熱する
ふたを少しずらしてのせて中火にかけ、煙が出たら、ふたをして10分加熱する。
＊中火は、鍋底から火がはみ出ないくらい。IHなら10段階調節で4～5
＊途中でふたのすきまから煙が出てきたら、弱火にして

5.
肉を裏返す
豚肉を裏返し、
＊ふたを開ける時、煙が出るので注意して

6.
弱火で10分加熱する
ふたをして弱火で10分加熱し、火を止めて10分おく。
＊弱火は、鍋底に火があたらないくらい
＊チップは水をかけ、完全に冷めてから捨てて（火事に注意）

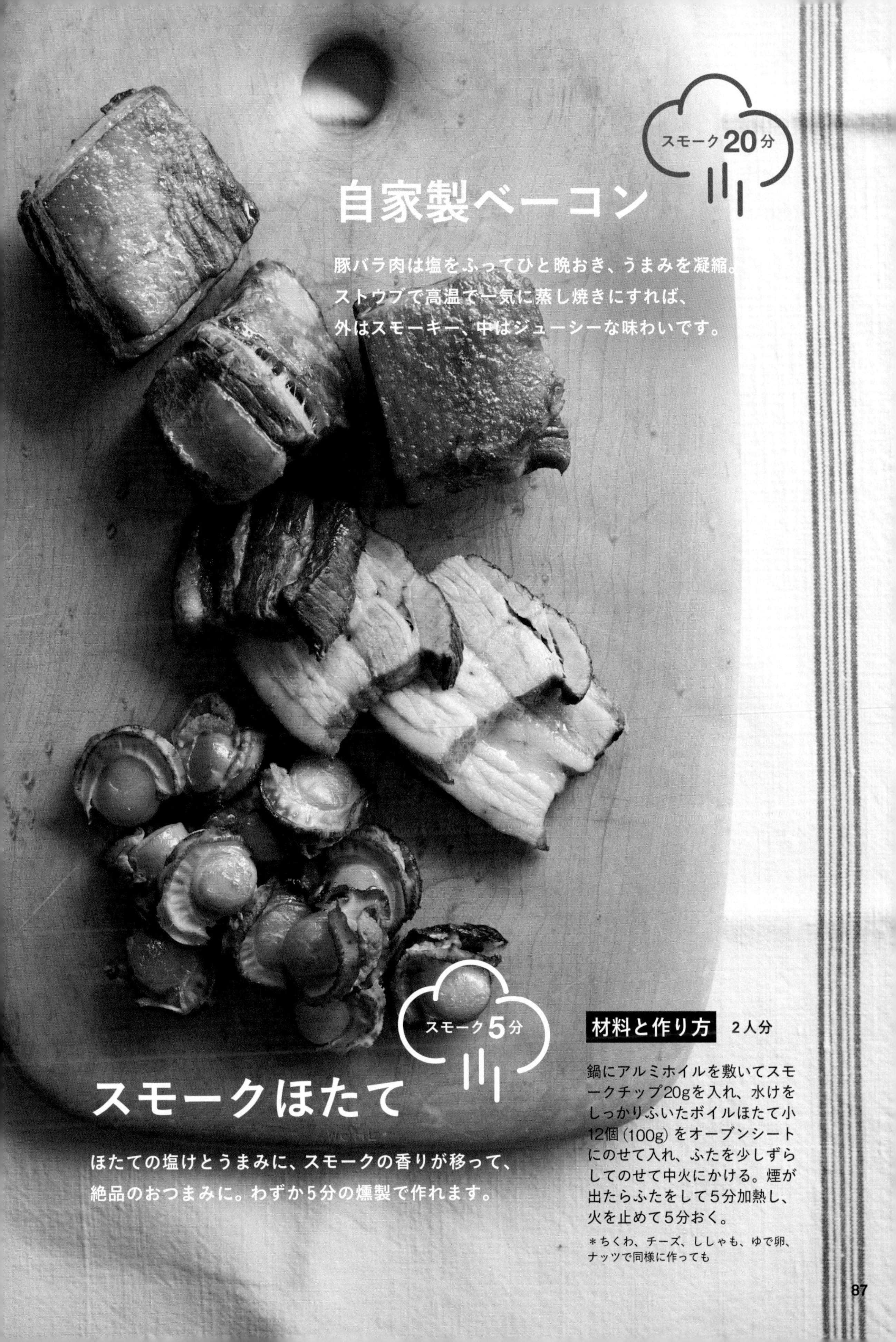

スモーク20分

自家製ベーコン

豚バラ肉は塩をふってひと晩おき、うまみを凝縮。
ストウブで高温で一気に蒸し焼きにすれば、
外はスモーキー、中はジューシーな味わいです。

スモーク5分

スモークほたて

ほたての塩けとうまみに、スモークの香りが移って、
絶品のおつまみに。わずか5分の燻製で作れます。

材料と作り方　2人分

鍋にアルミホイルを敷いてスモークチップ20gを入れ、水けをしっかりふいたボイルほたて小12個（100g）をオーブンシートにのせて入れ、ふたを少しずらしてのせて中火にかける。煙が出たらふたをして5分加熱し、火を止めて5分おく。

＊ちくわ、チーズ、ししゃも、ゆで卵、ナッツで同様に作っても

Column Rice

staub《ストウブ》で ごはんを炊く

炊く10分

ストウブは、ごはんをふっくら炊くのも得意。
鍋全体がじっくり温まり、熱をキープするので、
お米の粒が立ち、つやつやの炊き上がりに。
ピラフは、煮立ってから具材をのせて炊きます。

材料 4人分

米 … 2合（360mℓ）
水 … 360mℓ

作り方

1.

米を洗う

米はさっと洗って10分浸水し、ざるに5分上げる。

2.

中火にかける

鍋に米、分量の水を入れ、ふたをしないで中火にかける。

＊中火は、鍋底から火がはみ出ないくらい。IHなら10段階調節で4〜5
＊鍋をゆっくり温めることで、米の甘みが出る

沸騰してねっとりした大きな泡が出てきたら、

3.

ひと混ぜする

木べラで底からしっかり混ぜ、全体の温度を均一にする。

再び全体がしっかり沸騰し、大きな泡が出てきたら、

4.

ごく弱火で10分加熱する

ふたをしてごく弱火で10分加熱し、火を止めて10分蒸らす。

＊ごく弱火は、火が消える寸前くらいのとろ火。IHなら10段階調節で1〜2
＊ふたを開ける時は、ふたの水滴も鍋の中に入れて

白米

まずは、ストウブで白いごはんを炊いてみてください。
米粒がピンと立って、つやつやに輝くごはんのおいしそうなこと！
甘さがしっかり感じられ、ごく弱火で10分+蒸らし10分と早いのも魅力です。

炊く15分

ツナと枝豆のトマトピラフ

ツナとトマトのうまみに、チーズでコクをプラス。
ウインナーやベーコン、ハム、さば缶で作っても。

炊く15分

ジャンバラヤ風ピラフ

鶏肉は先に炒め、下味のスパイスを香らせます。
米も炒めてから炊いて、パラッと軽やかな食感に。

ツナと枝豆のトマトピラフ

材料 4人分

米（さっと洗って10分浸水し、ざるに5分上げる）
…2合（360㎖）
ツナ缶（食塩、オイル無添加のもの・汁けをきる）
…小1缶（70g）
玉ねぎ（みじん切り）…¼個
プチトマト（縦4等分に切る）…8個
Ⓐ┬水…350㎖
　└塩…小さじ1
粉チーズ…大さじ1
冷凍枝豆（解凍してさやから出したもの）
…¼カップ（50g）
かいわれ（長さを半分に切る）…½パック

作り方

1. 鍋に米、Ⓐを入れてふたなしで中火にかけ、沸騰して大きな泡が出たら底からしっかり混ぜ、再びしっかり沸騰したら玉ねぎ、ツナ、プチトマトの順にのせ、ふたをしてごく弱火で15分加熱する。
2. 火を止めて10分蒸らし、チーズを加えて全体に混ぜ、枝豆、かいわれをのせる。

ジャンバラヤ風ピラフ

材料 4人分

米（さっと洗って10分浸水し、ざるに5分上げる）
…2合（360㎖）
鶏もも肉（皮つきのまま3㎝角に切り、
Ⓐを両面に順にふる）…1枚（300g）
Ⓐ┬塩…小さじ1
　└チリパウダー…小さじ2
玉ねぎ（みじん切り）…¼個
パプリカ（赤・2㎝角に切る）…½個
Ⓑ┬水…330㎖
　└塩…小さじ1
オリーブ油…小さじ2

作り方

1. 鍋にオリーブ油を中火で熱し、煙が出たら鶏肉、玉ねぎ、パプリカを炒め、肉の色が変わったら取り出す。
2. 続けてオリーブ油小さじ1（分量外）、米を入れて中火で炒め、米が鍋底にくっつくようになったらⒷを加え、沸騰して大きな泡が出たら底からしっかり混ぜる。再びしっかり沸騰したら**1**をのせ、ふたをしてごく弱火で15分加熱し、火を止めて10分蒸らす。

Column Fried

staub《ストウブ》で揚げもの

ストウブで作る揚げものは、ふたをすることでふっくらジューシーに仕上がるのが魅力。今回は、少なめの油で揚げ焼きで作ります。油がはねる時は、ふたを利用して防いで。

材料 2人分

鶏むね肉（皮を除いて1cm幅のそぎ切りにし、塩麹をからめて10分〜ひと晩おく）…1枚（300g）
塩麹 … 大さじ1 1/2
Ⓐ—片栗粉 … 大さじ6＊
オリーブ油 … 大さじ4
＊または、片栗粉と米粉各大さじ3

作り方

1. 油を熱する

鍋にオリーブ油を入れ、中火で煙が出るまで熱する。

＊中火は、鍋底から火がはみ出ないくらい。IHなら10段階調節で4〜5

2. 鶏肉を入れる

Ⓐをまぶした鶏肉を半量入れ、

＊半量ずつ揚げ焼きにする
＊肉を少し丸めるようにして入れると、鍋底にくっつきにくい

3. 中火で2分加熱する

ふたをして2分加熱する。

＊塩麹がこげやすいので、途中で様子を見て、こげそうなら火を少し弱めて

ふたを水平にスライドさせるようにしてあけ、

＊ふたの内側の水滴が油に落ちてはねないよう、横にすべらせて

4. 肉を裏返す

鶏肉を裏返す。

＊油がはねるので、やけどに注意

5. ごく弱火で1分加熱する

再びふたをし、ごく弱火で1分加熱する。器に盛り、好みでレモン（分量外）を添える。

＊ごく弱火は、火が消える寸前くらいのとろ火。IHなら10段階調節で1〜2

揚げ焼き3分

鶏むねから揚げ

あっさり鶏むね肉も、塩麹の力でやわらかく、うまみもアップ。
肉を丸めるようにして入れると、鍋底にくっつきにくくなります。
ふたをして加熱するから、中はジューシー、外はさくさくです。

揚げ焼き6分

牛チーズカツ

ころもは二度づけして、
カリカリとボリューム満点に。
余熱で中まで火を通し、
チーズをとろりとさせます。

揚げ焼き2分

サーモンのレア竜田揚げ

刺身用サーモンを揚げ焼きにし、
しっとりと半生に仕上げます。
わさびをつけて食べたり、
まぐろで作っても美味です。

牛チーズカツ

材料 2人分／2個

牛こま切れ肉（2等分し、半分に折ったチーズをはさんで平たくまとめ、塩をふる）… 200g
スライスチーズ（とろけるタイプ）… 2枚
塩 … 小さじ1/4
Ⓐ 卵 … 1個
　 小麦粉 … 大さじ3
パン粉 … 適量
オリーブ油 … 大さじ3

肉は2等分し、半分に折ったスライスチーズをのせ、上から肉ではさんで平たくまとめる。

ふたは1cmほどずらしてのせる。これで鍋に蒸気がたまらず、カリッとした揚げ焼きに仕上がる。

作り方

1. 牛肉は混ぜたⒶ、パン粉の順にころもをつけるのを2回くり返す。鍋にオリーブ油を中火で熱し、煙が出たら牛肉を入れ、ふたを少しずらしてのせて3分加熱する。

2. ふたをとって（水滴が油に落ちないよう水平にスライドさせて・92ページ参照）牛肉を裏返し、ふたを少しずらしてのせて弱火で3分加熱し、取り出して3分おく。食べやすく切って器に盛り、好みでソースをかけて食べる。

＊油がはねるので、やけどに注意

サーモンのレア竜田揚げ

材料 2人分

サーモン（刺身用・Ⓐをからめて10分おき、汁けをふいてⒷを両面に順にまぶす）… 小1さく（120g）
Ⓐ しょうゆ、酒 … 各小さじ1
　 しょうが（すりおろす）… 1かけ
Ⓑ 塩 … 小さじ1/4
　 片栗粉（または米粉）… 大さじ1
オリーブ油 … 大さじ3

作り方

1. 鍋にオリーブ油を中火で熱し、煙が出たらサーモンを入れ、ふたを少しずらしてのせて2分加熱する。

2. ふたをとって（水滴が油に落ちないよう水平にスライドさせて・92ページ参照）サーモンを裏返し、ふたを少しずらしてのせ、火を止めて2分おく。

＊油がはねるので、やけどに注意

大橋由香（おおはし　ゆか）

料理研究家、神奈川県厚木市のストウブビストロ「はるひごはん」店主。調理学校を卒業後、フレンチレストランなどで経験を積み、結婚、出産を経て2014年にお店をオープン。企業のレシピ開発、雑誌やWEBでのレシピ紹介、イベント講師等で活躍中。オンライン料理教室、YouTube「ずぼら料理教室」主宰。2011年よりツヴィリング J.A. ヘンケルス ジャパンから依頼を受け、百貨店での調理デモンストレーションを全国で開催。食と運動の大切さを広めるべく、2023年にパーソナルジム「はるひボディプラス」をオープン。著書に『「ストウブ」だから手間なしでおいしい無水煮込み』『「ストウブ」だから野菜がおいしい無水煮込み』（ともに小社刊）など多数。

はるひごはん ストウブビストロ×厚木野菜
神奈川県厚木市幸町1-14
https://haruhigohan.com/

アートディレクション・デザイン　小橋太郎（Yep）
撮影　木村 拓（東京料理写真）
スタイリング　大畑純子
調理アシスタント　吉岡千佳、前田千佳、中村里実、吉田奈々、佐野真琴
プリンティングディレクション
金子雅一（株式会社トッパングラフィックコミュニケーションズ）

道具協力
STAUB（ストウブ）
ツヴィリング J.A. ヘンケルス ジャパン
☎0120-75-7155　https://www.zwilling.com/jp/staub/
デニオ総合研究所
☎03-6450-5711

撮影協力
UTUWA

取材　中山み登り
校閲　滄流社
編集　足立昭子

はじめてのストウブ無水調理

著　者　大橋由香
編集人　足立昭子
発行人　殿塚郁夫
発行所　株式会社主婦と生活社
〒104-8357　東京都中央区京橋3-5-7
☎03-3563-5321（編集部）
☎03-3563-5121（販売部）
☎03-3563-5125（生産部）
https://www.shufu.co.jp
ryourinohon@mb.shufu.co.jp
印刷所　TOPPANクロレ株式会社
製本所　株式会社若林製本工場
ISBN978-4-391-16126-7